眠れなくなるほど面白い

地政学の話

監修
荒巻豊志
Toyoshi Aramaki

日本文芸社

はじめに

　地政学という言葉が流行りだしてしばらくたちました。耳慣れない言葉が持つカッコよさもあって書籍にもこの語を使うものが増えています。

　地政学とは学問ではありません。「学」が付いているために何か学問のひとつのように見えますが、それはgeopoliticsを誤訳したものだと思ってください。ぼくはこういう突き詰めるとたいしたことがないのにカッコつけてる言葉が大嫌いなのです。

　geographyの言葉は１９世紀の終わりに軍事用語として広まりを見せました。ご存知の通り現在の日本は軍事に関する事柄には消極的です。そのためgeographyの言葉も使われることはないわけです。ところが！

　ビジネスは半沢直樹シリーズでもわかるように戦（いくさ）そのものです。そのためビジネス雑誌には古今東西の軍略家の特集が組まれたりしてます。どうやら今の日本で地政学の語が流行しているのはこのビジネス界隈なわけです。

　ゲームも戦いです。麻雀で例えてみます。配牌から自分の手牌で役を作っていきますね。でも相手の出方によって作戦を変えていかなければならない。まさに戦いは状況の変化によって変えて

いかなければならないわけです。geographyとはこの状況の変化をつかまえることで作戦を立てることです。

　19世紀の終わりという時代は石炭から石油へ、巨大戦艦の登場、鉄道網の拡充などといった状況の変化が大規模に生じた時代です。これらを踏まえて軍事戦略を考えなければならない時代だったのです。

　21世紀になって状況の変化はより早くなりました。ビジネスマンも政治家もこの変化を踏まえて行動することはあたりまえになっています。世の中がどのように変わってきているのか？それをつかまえることがgeographyに他なりません。

　この本をきっかけに自分の身の回りのこと、日本のこと、そして地球のあちこちで起こっていることに興味関心を持っていただき、移り変わる世の中で自らの処すべき構えを身につける第一歩になってもらえればと思います。

2019年3月

荒巻　豊志

図解 眠れなくなるほど面白い 地政学の話
CONTENTS

はじめに ————————————————————————— 2

第1章 経済とテクノロジーをめぐる問題 — 7

日本は家電大国でなくなったの？	8
シリコンバレーで日本企業が成功できないのはなぜ？	10
なぜ中国人観光客はメイドインジャパンを爆買いするの？	12
日本も武器を輸出する国になるの？	14
韓国のサムスンはなぜあれだけ成長したの？	16
ドローンって戦闘機になるの？	18
東京五輪で日本がサイバー攻撃を受ける？	20
EVバス人気で世界の自動車産業のトップが中国に？	22
ハリウッド映画と中国マネーの関係ってどうなっているの	24
AI大国はアメリカor中国どっちなの？	26
宇宙開発競争もアメリカVS中国	28
インドでIT産業が急速に発展したのは？	30
デジタルで一番進んでいる国は？	32
石油の時代が終わるってホント？	34
シェール革命でアメリカが世界の警察をやめた？	36
トランプ大統領の政策で温暖化対策は後退するの？	38
世界の原発事情はどうなっているの？	40
日本はなぜ核兵器禁止条約に参加しないの？	42
史上最強の核爆弾『ツァーリ・ボンバ』以上のものは開発される？	44
Column 地政学用語①	46

第2章 政治と移民をめぐる問題————— 47

日本が実は移民大国ってホント？	48
日本で働く外国人はどの国の人が多いの？	50
日本に来る移民たちが一番苦労するのは？	52
なぜ新大久保はコリアンタウンになったの？	54
日本では二重国籍は認められないの？	56
国籍ってそんなに簡単に変えられるものなの？	58
アメリカ合衆国にはどこから人が来たの？	60
マフィアって世界中の犯罪組織のことじゃないの？	62
アメリカは移民の国なのになぜ移民を嫌うの？	64
移民集団「キャラバン」はなぜアメリカを目指すの？	66
トランプが建設を目指すメキシコ国境の壁ってどんなもの？	68
アメリカよりもドイツの方が移民大国なの？	70
英国にEU離脱を決意させた移民問題って？	72
欧州サッカーには移民の活躍が欠かせない？	74
スペインにアフリカからの難民が押し寄せているの？	76
キリバスやツバルの人たちを受け入れる先は？	78
モンゴルの遊牧民を襲う深刻な環境問題って何？	80
自国に帰るシリア難民があとを絶たないってホント？	82
マレーシアに来る移民はお金を払って仕事を見つけるの？	84
脱北者たちはどうやって生計を立てているの？	86
北朝鮮の脱北ルートはなぜ中国経由が多いの？	88
韓国は移民になじみがないの？	90
Column 地政学用語②	92

5

第3章 国家と領土をめぐる問題 ― 93

- 韓国はなぜ竹島にこだわるの？　94
- 世界から見て竹島問題ってどう映っているの？　96
- 中国が尖閣諸島に執着するのはなぜ？　98
- 北方領土はいつか帰ってくるの？　100
- ロシア人は北方領土のことをどう思っているの？　102
- ロシアはアジア？　それともヨーロッパ？　104
- ウクライナ紛争が起こる理由は？　106
- 北緯38度線はどうやって決められたの？　108
- 台湾と中国は統一されるの？　110
- 香港の人はイギリス領に戻りたがっているの？　112
- インドとパキスタンが核保有国になったのは？　114
- 国家を持たないクルド人は日本にもいるの？　116
- 中東でいつも紛争が起きる理由は？　118
- 今も激化するパレスチナ問題とは？　120
- 結局ヨーロッパは統合されないの？　122
- アフリカで貧困問題が絶えないのはなぜ？　124
- 南極と北極はそれぞれどこの国の領土？　126

第 **1** 章

経済とテクノロジーをめぐる問題

日本は家電大国でなくなったの？

▶▶ IT 革命に乗り遅れた日本 ◀◀

テレビ産業が栄華だったのはひと昔前

かつて日本の家電業界は、高い技術力を持ち、世界トップクラスといわれていました。しかし、メイドインジャパンが重宝された時代は1995年ごろに終焉を迎え、今や日本の大手電機メーカーは落ちぶれてしまったという印象をぬぐえません。2012年にはソニー、パナソニック、シャープが数千億円におよぶ巨額損失を計上し、なかでもテレビ事業の経営不振に陥っていたシャープが2016年に台湾の鴻海精密工業に買収されたことは、日本国内に大きな衝撃を与えました。そもそも日本の家電メーカーは、高度経済成長期、三種の神器と呼ばれるテレビ、冷蔵庫、洗濯機で成長を遂げました。特にテレビはオリンピックなど大きなイベントがあるたびに買い換える人も多く、日本の産業の大きな要でした。

日本のガラパゴス化

そこに押し寄せたのが2000年代から急成長したIT革命。テレビはパソコンやスマートフォンにとって変わられ、情報を得るのもネットからという時代になりました。アップル社やマイクロソフト社など、アメリカの企業がソフトウェアの面で世界を牽引、iPhoneが普及し、世界のネット環境は一気に進化を遂げました。しかし、日本は独自の路線に走ります。**アメリカの情報通信企業がグローバル市場をターゲットにしているのに対し、日本では仕様が世界基準ではなく、日本人が使いやすいものにシフトしていくため、日本のIT産業のガラパゴス化が起こりました。**

家電においても日本は、「ガラパゴス」の道をたどっているといえます。

第1章　経済とテクノロジーをめぐる問題

冷蔵庫の世界シェア

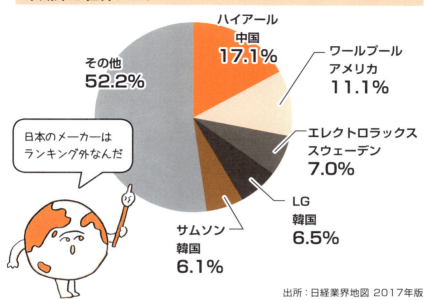

出所：日経業界地図 2017年版

日本は家電もガラパゴス化

シリコンバレーで日本企業が成功できないのはなぜ？

▶▶ シリコンバレーで存在感を示せない日本 ◀◀

半導体の町としてスタートしたシリコンバレー

アメリカのカルフォルニア州サンフランシスコにあるシリコンバレーは、いわずと知れた半導体産業やコンピューター、ソフトウェア、ハイテクベンチャーの企業や研究所が集まった地域です。サンフランシスコ南部に位置するサンノゼ地区の通称で半導体の代表的な素材、シリコンから名づけられました。

スタンフォード大学教授で、トランジスタの生みの親のウィリアム・ショックレー氏が1955年に半導体研究所を設立したことをきっかけに、この地域にさまざまな半導体企業が集まるようになりました。

大企業ほど存在感の薄い日本

シリコンバレーに拠点を置くのは、Google、Apple、Facebook、Yahoo!、Intelと、名だたる世界的企業です。自由でフランクな印象を持つシリコンバレーですが、日本企業の存在感はほとんどありません。トヨタ自動車やホンダ、日産もシリコンバレーに研究所がありますが、大手企業ほど出遅れています。日本の企業はチャレンジするというよりも、情報収集をするためにシリコンバレーに来ているケースが多いといいます。

アメリカですから、シリコンバレーも当然多国籍な町です。チャレンジ精神がない人は取り残されてしまいます。**新たなビジネスモデルを目指し起業するスタートアップ企業が日本で圧倒的に少ないのも、進出が遅れている原因のひとつです。**慎重派で失敗したくないという日本人の内向的な性格がシリコンバレー進出を阻んでいるのかもしれません。

第1章　経済とテクノロジーをめぐる問題

シリコンバレーに拠点を置く有名企業

Google	検索エンジンサービス
Apple	コンピューター会社
Facebook	SNSサービス
Intel	半導体メーカー
Yahoo!	検索エンジンサービス
Adobe Systems	ソフトウェアメーカー
HP	コンピューター会社

など

シリコンバレーに位置する世界のエリート校スタンフォード大学には学生起業家も多く在籍しているんだ

11

なぜ中国人観光客は
メイドインジャパンを爆買いするの？

▶▶ 日本製品の信頼性と中国人観光客の増加 ◀◀

中国製だとわかっていても購入している!?

　日本への観光客による消費（インバウンド消費）で欠かせないメイドインジャパンの商品。日本の製品を好む外国人観光客はこぞって、「メイドインジャパンのクオリティは安心だ」といいます。

　量販店で「日本のものだ！」と中国人観光客が大量に買い込んでいる製品の中には、実はメイドインチャイナのものも少なくありません。それでも日本製は安心だという神話を信じて買い物をする観光客が後を絶ちません。同じものであれば、自国で購入するよりも日本で買ったほうが免税となり、安く手に入るというのも大きいようです。

　メイドインジャパンの質の高さはグローバル市場でも決して負けるものではないはずです。

円安やビザ発給要件の緩和で入国者が増加

　東日本大震災直後、日本を訪れる外国人観光客の数は一時的に減少しましたが、近年は治安の良さが再評価され、増加の一途をたどっています。

　訪日外国人の人数が過去最高の伸び率となった2015年頃になると、東京、名古屋、大阪、京都などの観光地では、中国人を中心とした外国人観光客が大きなスーツケースを片手に日本の家電、薬、化粧品などを買い込むいわゆる"爆買い"が見られるようになります。2017年にはインバウンド消費額は４兆円にも上りました。これは**トランプ大統領就任以降に為替レートが円安になったこと、LCC（低価格航空会社）など交通の便の増加、ビザ発給要件の緩和なども影響したことが考えられます。**

第1章　経済とテクノロジーをめぐる問題

中国人観光客に人気の日本製品

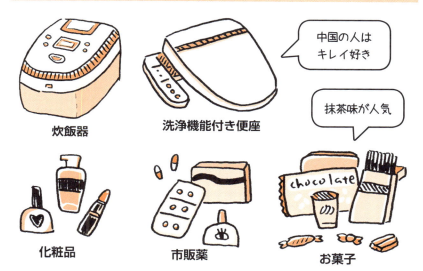

国別入国者数ランキング

	国	入国者数（百万人）
1	フランス	86.9
2	スペイン	81.8
3	アメリカ	75.9
4	中国	60.7
5	イタリア	58.3
6	メキシコ	39.3
7	イギリス	37.7
8	トルコ	37.6
9	ドイツ	37.5
10	タイ	35.4
12	日本	28.7

出所：UNWTO
※2017年の統計

13

日本も武器を輸出する国になるの？

▶▶ 中国の軍事力強化を背景に武器輸出が緩和 ◀◀

韓国の武器輸出は10年で12倍以上

　現在、世界で最も武器の輸出量が多いのはアメリカです。サウジアラビアをはじめとした98か国を相手に輸出をしています。

　アジアだけに絞ると中国がダントツの１位ですが、韓国がその勢いを伸ばしており、2006年から10年で武器の輸出量が12倍以上に急増しています。2001年にインド、2014年にポーランド、2017年にフィンランドと輸出契約を結びます。たしかに兵器の性能を疑問視する声もあるのですが、導入を考えている国は後を絶ちません。

ターニングポイントは安倍内閣の「防衛装備移転三原則」

　日本は1967年に佐藤栄作内閣総理大臣が①共産圏②国連決議で禁止された国③国際紛争の当事国や恐れのある国に武器輸出を認めないとする「武器輸出三原則」を表明しました。しかし**2014年に安倍晋三内閣が武器輸出は原則禁止から条件を満たせば認める「防衛装備移転三原則」を閣議決定します。この背景にあるのは、中国の軍事力拡大です。中国を警戒する諸国と手を結び、中国の軍事力を抑止したい狙いがあるのです。**

　基本的に日本が製造する兵器は、国内の自衛隊向けでした。しかし2015年5月に横浜で開催された海洋防衛およびセキュリティの総合展示会「MAST ASIA 2015」に日本のメーカーが出展した海上自衛隊の最新鋭潜水艦「そうりゅう」の導入を、オーストラリアが検討しているともいわれます。日本の軍事産業は国内全体の１％にも満たない状況ですが、世界の軍事マーケットに割り込む準備は着々と進みつつあるのです。

第1章　経済とテクノロジーをめぐる問題

世界の武器輸出額 国別ランキング

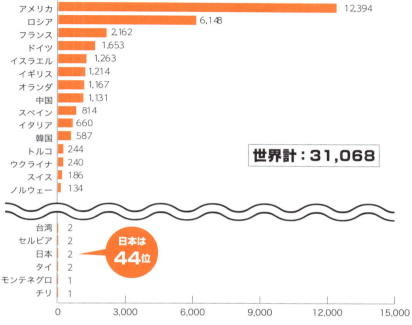

国	金額
アメリカ	12,394
ロシア	6,148
フランス	2,162
ドイツ	1,653
イスラエル	1,263
イギリス	1,214
オランダ	1,167
中国	1,131
スペイン	814
イタリア	660
韓国	587
トルコ	244
ウクライナ	240
スイス	186
ノルウェー	134
〜	〜
台湾	2
セルビア	2
日本	2
タイ	2
モンテネグロ	1
チリ	1

世界計：31,068

日本は**44**位

資料：GLOBAL NOTE
出典・参照：世銀（World Bank）
単位：百万US$

輸入額では
1位サウジアラビア、
2位インド、3位エジプト。
日本は19位に
ランキングされているよ

韓国のサムスンは
なぜあれだけ成長したの？

▶▶ 半導体事業で快進撃を続ける韓国企業の競争力 ◀◀

惜しみない投資力でインテルを超える

　世界のテレビ市場で13年連続1位の韓国のサムスン電子。サムスン電子とLG電子といった韓国企業のテレビ市場が好調なのは、大型・高価格テレビの市場戦略に成功したからだといえます。

　1980年～1990年前半といえば、ソニー、シャープ、パナソニックを代表する日本企業がトップシェアを占めていました。しかし90年代半ばになると、サムスン電子が台頭してきます。理由は、テレビにも搭載されている半導体部門の成功でした。

　半導体業界は、長年アメリカ勢が牛耳り、日本では東芝などが好調でした。しかし2017年にはインテルを超え、サムスン電子が売上高で1位になりました。

高価格帯で勝負する強気の姿勢

　日本経済がバブル崩壊で低迷していたころにも、サムスン電子は強気の姿勢で半導体に投資をしてきました。半導体以外の部門でも同様に惜しみない経営資金を投入したことで、飛躍的にシェアを伸ばしてきたのです。

　グローバルな半導体業界ではウォン安も輸出にプラスとなり、さらに日本の半導体の衰退も重なって、韓国が世界ナンバー1になりました。

　テレビ市場でもサムスン電子は、75インチ以上の超大型テレビ市場で世界の54.4%を占めています。こちらも世界第一位。半導体で見せた強気の姿勢を崩すことはなく、55～98インチまである8Kテレビの販売を計画。ますます勢いをつけています。

第1章 経済とテクノロジーをめぐる問題

薄型テレビの世界シェア

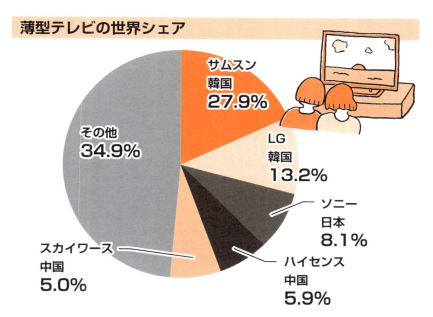

- サムスン 韓国 27.9%
- LG 韓国 13.2%
- ソニー 日本 8.1%
- ハイセンス 中国 5.9%
- スカイワース 中国 5.0%
- その他 34.9%

出所：日経業界地図 2017年版

半導体メーカーの世界シェア

	1990年		2017年	
1	NEC	日本	サムスン	韓国
2	東芝	日本	インテル	アメリカ
3	モトローラ	アメリカ	SKハイニックス	韓国
4	日立製作所	日本	マイクロン・テクノロジー	アメリカ
5	インテル	アメリカ	クアルコム	アメリカ
6	富士通	日本	ブロードコム	アメリカ
7	テキサス・インスツルメンツ	アメリカ	テキサス・インスツルメンツ	アメリカ
8	三菱電機	日本	東芝メモリ	日本
9	フィリップス	オランダ	ウエスタンデジタル	アメリカ
10	松下電器	日本	NXP	フランス

出所：Gartner

ドローンって戦闘機になるの？

▶▶ 軍事用ドローンの開発を進める中国 ◀◀

ドローンはすでに戦場で使われている

　ドローン（遠隔操縦または自立式の無人航空機）が実用化されて以来、戦争の形が大きく変わりました。小型で無人のドローンは自国の兵士を犠牲にすることなく、相手の行動を探索したり、または爆撃することもできます。

　2018年1月にはシリアで展開するロシア軍基地に対し13機のドローンが空爆を仕掛けました。対空ミサイルにて撃墜されたものの、人類史上初のドローンによる集団爆撃が行われたのです。

　これらのドローンは紐でつなぎあわせて作られた即席のものでした。しかし、爆弾を搭載しており、50キロも離れた場所からGPSを使って発信していたといわれています。

アメリカをも脅威にさらす中国製ドローン

　軍事用ドローンで世界的に注目を集めているのは中国です。

　軍事用ドローンはアメリカ企業も開発していますが、ここにきて、それをおびやかすような製品が中国で作られました。

　中国が開発したドローン、CH−4（彩虹4号）は単葉機のようでありながら、飛行高度は約2万kmで、最高速度は時速200kmともいわれています。動力に太陽光エネルギーを使っていることもあり、バッテリーの持ちがいいことも特徴です。

　中国がターゲットとするのはアメリカが輸出を規制しているヨルダンなど中東諸国。アメリカはこの広がりに戦々恐々としています。

第1章　経済とテクノロジーをめぐる問題

ドローンは軍事目的で開発された

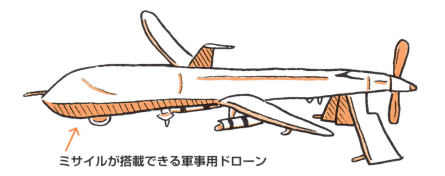

ミサイルが搭載できる軍事用ドローン

無人機に爆弾を搭載して敵地に飛ばす目的でドローンの開発が始まったのは第二次世界大戦中のこと。1970年代からは偵察用のドローンが作られるようになり、どんどん小型化されたんだよ

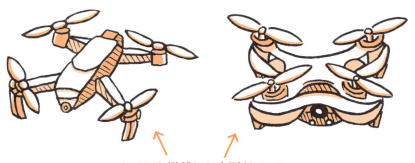

カメラを搭載した小型ドローン

19

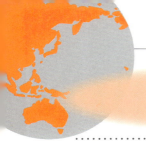

東京五輪で日本が
サイバー攻撃を受ける？

▶▶ ネット空間の支配を目論むサイバーテロ ◀◀

中国政府が関与するサイバー攻撃集団

　2010年、中国人民解放軍陸水信号部隊がアメリカ政府や日本省庁へ不正アクセスしていることが発覚しました。2015年には中国がアメリカに行っているサイバー攻撃をやめることで両国は合意しましたが、そのあとも中国の不正アクセスは続きました。サイバー攻撃で猛威をふるったのは中国人サイバースパイ集団「APT10」です。彼らは2006年からアメリカの企業や研究所から大量に情報を盗み取り、12か国以上のネットワークに侵入しました。日本の経団連も不正アクセスを受けており、2016年秋まで2年以上サイバー攻撃を受けていたことが明らかになりました。

2020年に向けて加速化する？

　「APT10」は中国の情報機関である国家安全省が関与しているとされます。彼らの手口は、偽メールを送り、そこにウイルスを仕込んでコンピューターを感染させ、情報を盗むといったものです。2018年12月にアメリカ司法省が「APT10」のメンバーを起訴したと発表しましたが、中国のサイバー攻撃の手がやむことはありません。

　2020年に開催される東京五輪もターゲットのひとつである可能性が高いと考えられます。 2018年の夏には日本人対象に「無料チケットオリンピック」と件名に書かれた46万件もの偽メールが送られ、3万人以上がウイルスに感染してしまいました。これも「APT10」が関与しているのではないかといわれています。2020年東京五輪に向けて、サイバー攻撃がますます加速することが懸念されているのです。

第1章 経済とテクノロジーをめぐる問題

サイバー攻撃の脅威

EVバス人気で世界の
自動車産業のトップが中国に？

▶▶ 中国のEV台頭による日本の自動車産業への影響 ◀◀

日本製と比べ低価格な中国製EVバス

バッテリーを搭載し、電気だけで走るEV（電気自動車）は化石燃料を一切使わず、空気を汚さないことで大きな注目を集めています。

EVがおもに活用されているのはバスです。日本国内でも巡回バスなどで利用されています。

環境にやさしいEVですが、問題は価格です。国内生産ものは1億円超え、中国産のものでも約6500万円と、旧来のバスの約2000万円に比べ、3倍以上のコストがかかります。それでも大気汚染を防止したい都市では、次々と導入が検討されています。大気汚染がひどかった中国でもEVを導入したことで、青空が戻ってきたといいます。

自動車業界ではまだ後進国の中国

日本の自動車メーカーでもEVバスは製造されていますが、世界シェアナンバー1は中国の新興自動車メーカーBYDです。日本でも沖縄、京都、福島でBYDのEVバスが導入されています。しかし、中国が世界の自動車産業でトップに躍り出るのはまだまだ先になりそうです。

中国は乗用車分野で、外国企業の出資を規制しています（2022年に撤廃予定）。中国の乗用車の自由貿易が事実上、鎖国状態なのは、他国の車を輸入してしまえば、中国はとても太刀打ちできないと考えているからです。つまり長年のノウハウを持って売れる市場を開拓してきた日本やドイツに比べると、中国の自動車産業はまだまだ遅れをとっているといわざるを得ません。

世界のEV販売台数

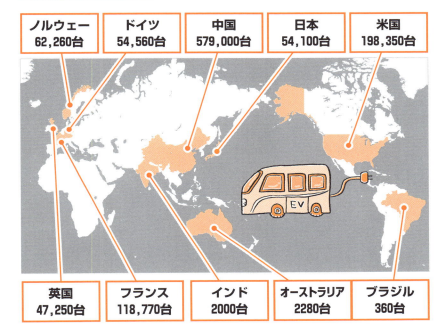

- ノルウェー 62,260台
- ドイツ 54,560台
- 中国 579,000台
- 日本 54,100台
- 米国 198,350台
- 英国 47,250台
- フランス 118,770台
- インド 2000台
- オーストラリア 2280台
- ブラジル 360台

出所：国際エネルギー機関（IEA）

電気自動車に関する各国の政策

フランス	2040年までにガソリン車及びディーゼル車の販売を停止し，電気自動車（バッテリー及びハイブリッド車）のシェアを向上させる
イギリス	2040年までにガソリン車及びディーゼル車の販売を停止し，電気自動車（バッテリー及びハイブリッド車）のシェアを向上させる
中国	電気自動車，プラグイン・ハイブリッド自動車，燃料電池車などの新エネルギー車の国内生産割合の増加を促す
インド	2030年までにガソリン車及びディーゼル車の販売を停止し，電気自動車のみにする
ドイツ	ディーゼル車の技術革新及び電気自動車への投資を推進する

出所：外務省ホームページ

ハリウッド映画と中国マネーの関係ってどうなっているの？

▶▶ 米中貿易戦争とハリウッド ◀◀

中国の富豪に買収されたハリウッドスタジオ

2015年ごろから、ハリウッドで制作される映画の中で、中国の存在が大きくなっています。 マット・デイモン主演の『オデッセイ』でも、NASAの窮地を救うのが中国国家航天局という設定。ほかにもハリウッド映画で中国人俳優の起用が多くなったり、設定そのものが中国寄りという現象が起こっています。

これは習近平・中国国家主席が無類のハリウッドの戦争映画が好きだったことが大きくかかわっています。アメリカにとっては娯楽のひとつである映画も、中国にとっては大きな輸出産業のひとつ。習近平・中国国家主席はアメリカに対抗する社会主義文化強国を建設するため、映画産業の育成を重視します。さらに中国トップの大富豪である王健林氏は2016年『ジュラシックワールド』などを制作したレジェンダリー・エンターテインメントを買収し、一気にハリウッドへの殴り込みをかけました。

トランプ政権で緊張状態が続く

しかし、**2018年に入ってからはその勢いが低下していきます。理由の1つは米中間で起きた貿易戦争です。**

トランプ政権は2018年7月、知的財産権侵害を理由に、818品目、日本円にして約3兆7700億円もの中国製品に対し25％の追徴課税を課しました。それに対し中国は報復関税を実施しています。このことにより両国の緊張は続いており、中国とアメリカの間でのハリウッド作品の上映に関する取り決めは保留になっている状態です。

中国による海外企業の買収

企業名	事業内容
ボルボ・カーズ（スウェーデン）	自動車メーカー
IBM（アメリカ）	パソコン事業部門
セグウェイ（アメリカ）	ロボット開発
ピレリ（イタリア）	タイヤメーカー
シンジェンタ（スイス）	農薬・種子販売
AMCエンタテインメント（アメリカ）	映画館チェーン
双竜自動車（韓国）	自動車メーカー
フェレッティ（イタリア）	ヨットメーカー
レジェンダリー・エンターテインメント（アメリカ）	映画製作
アメアスポーツ（フィンランド）	スポーツブランド
アウストラリス・シーフード（チリ）	サーモン輸出
NEVS（スウェーデン）	自動車メーカー

米中貿易戦争の構図

アメリカ → アメリカ企業に知的財産の移転を敷いているとして、通商法301条に基づき、半導体装置などへ25％分の関税上乗せを表明

中国 → 報復関税案を発表。世界貿易機関に提訴

アメリカ → 過剰生産された中国商品が安全保障を脅かすと主張。鉄鋼に25％、アルミに10％を新たに関税

中国 → 報復関税を開始

AI大国はアメリカor中国どっちなの？

▶▶ リーダーになりたい中国、脅威を感じるアメリカ ◀◀

中国は国家ぐるみで開発に力を入れる

　中国が今、力を入れているのが第3の革命といわれる人工知能（AI）です。2017年に中国科学技術部は「次世代AI発展計画」を発表し、2030年までにAIの分野で世界トップレベルになるという目標を揚げています。

　これに脅威を感じているのがアメリカです。中国が国家ぐるみで技術開発を推し進めるのに対し、アメリカのAI開発はおもに民間が担っています。

　2018年、マサチューセッツ工科大が10億ドルを投じて、AI研究の大学を創設すると発表しましたが、そのうち3億5000万ドルを寄付したのがアメリカの著名な投資家・スティーブン・シュワルツマン氏です。シュワルツマン氏は「アメリカが主導的な発言力を持つために、AIへの巨額投資は必要」との意向を示しており、アメリカ政府もAI開発の規制緩和を発表。アメリカもAI技術のリーダーとして、誇示していきたい考えです。

シリコンバレーより勢いのある中国IT

　しかし、世界のメディアは中国のほうが優位と予想しています。中国は世界各国から集めたAIデータを豊富に持っており、技術開発に取り組んでいます。現在、世界中にあるAI関連企業は5000社以上ありますが、そのうち中国の企業は1000社以上です。また、中国の3強といわれるIT企業、通称BAT（バイドゥ、アリババ、テンセント）に勢いがあることも挙げられます。中国政府のバックアップのもと、BATはシリコンバレーのIT企業よりも勢いがあるともいわれています。

第1章　経済とテクノロジーをめぐる問題

中国の「次世代人工知能発展計画」

| 2020年までに | AIの全体的な技術水準と応用能力で世界トップレベルの国々と併走。
AIを経済成長の新たな起点とする。 |

**AI関連産業規模
1兆元（17兆円）超を目指す**

| 2025年までに | AIの基礎理論におけるブレークスルーを実現。
一部のAI技術および応用能力で世界をリードする。 |

**AI関連産業規模
5兆元（84兆円）超を目指す**

| 2030年までに | AIの基礎理論、技術および応用能力で世界をリード。
AI技術に基づいた世界のAI革新の中心の1つとなる。 |

**AI関連産業規模
10兆元（170兆円）超を目指す**

中国政府から指名されたAIプラットフォーム

バイドゥ（検索エンジン企業）	自動運転
アリババ（クラウドサービス企業）	スマートシティ
テンセント（ソーシャル・ネットワーク・サービス企業）	医療映像
アイフラウテック（音声技術企業）	スマート音声

宇宙開発競争もアメリカVS中国

▶▶ 軍事利用は宇宙まで広がる ◀◀

急ピッチで進む中国の宇宙ステーション

　冷戦時代、アメリカとロシアは宇宙開発を競いあっていました。人類が月に着陸したのも、し烈な米ソの戦いがあったからです。

　しかし、今、宇宙開発でアメリカが戦うべき相手は中国です。2019年1月、中国の探査機「嫦娥4号」が人類史上初めて月の裏側に着陸しました。また、中国は2022年までに宇宙ステーション『天宮』を完成させ、宇宙飛行士を送り出す計画も持っています。

　しかしこれにトランプ大統領は黙っていませんでした。宇宙開発においても優位に立つため、2019年度のNASAの予算を前年度から約3億7000万ドル増額させました。

宇宙戦争勃発も

　中国が宇宙開発に勢力を注ぐのは、アメリカに追いつくためだという見方がされています。そしてその裏側には軍事的な目的があります。**世界の勢力図は陸海空だけでなく、宇宙にまで広がっています。将来的には宇宙空間からの攻撃といった軍事利用も考えられます。**

　まるでSFの世界のような話ですが、中国の技術開発が進み、アメリカがそれに負けまいと資金を投入し、NASAの技術を向上させるとしたら、日本はおいてけぼりになります。日本の宇宙開発は軍事目的で探査機を送り込んでいるわけではないからです。しかし他国は軍事利用も頭に入れた宇宙開発を行っているのが現状です。軍事アレルギーが強い日本は、こういうことに遅れがちなのです。

第1章　経済とテクノロジーをめぐる問題

国別ロケット打ち上げ回数

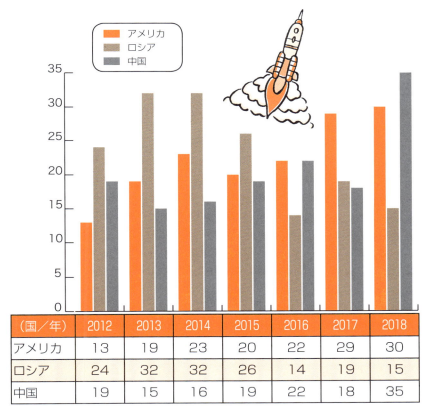

(国／年)	2012	2013	2014	2015	2016	2017	2018
アメリカ	13	19	23	20	22	29	30
ロシア	24	32	32	26	14	19	15
中国	19	15	16	19	22	18	35

出所：MIT Technology Review

2018年ロケット打ち上げ回数で、とうとう中国が世界のトップに立ったよ！

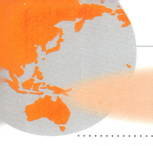

インドでIT産業が急速に発展したのは？

▶▶ 理想的な時差で協働するアメリカとインド ◀◀

バンガロールの人たちと開発を進めるアメリカ企業

　世界のトップ企業が次々とインドに拠点を置き始めています。

　インドのシリコンバレーといわれるバンガロールはおもにアメリカ企業の出先機関として発展してきました。

　インドがアメリカの企業の拠点となったのは、時差に関係があります。インドとアメリカの時差は12時間。アメリカが深夜のときインドは昼間。つまり**アメリカのシリコンバレーで開発途中のソフトウェアをインドのバンガロールに引き継ぎすれば、シリコンバレーの人たちが寝ている間にバンガロールの人たちがその続きを開発します。その繰り返しで両者ともに数々のソフトウェアを世に送り出してきたのです。**

イギリス領で多民族国家のインド

　またインドは長らくイギリスの植民地だったため、準公用語が英語です。そのため、アメリカとは意思疎通がしやすいという面あります。

　インドは仏教、バラモン教、ヒンドゥー教、イスラム教など多宗教で他民族国家です。現在、インドで使われる言語は22種類です。異なる文化の民族が最低でも22集まってできた国。このあたりも多民族国家であるアメリカと通ずるところでもあります。

　また、カースト制度が廃止された後に新しく生まれたIT産業は、制度の名残があるなかでも影響をあまり受けなかったといわれています。カースト制度で一番下位のシュードラの中にもIT企業で働く人はいて、まさに国内の社会構造に変化を与えたといわれています。

インドとアメリカの時差

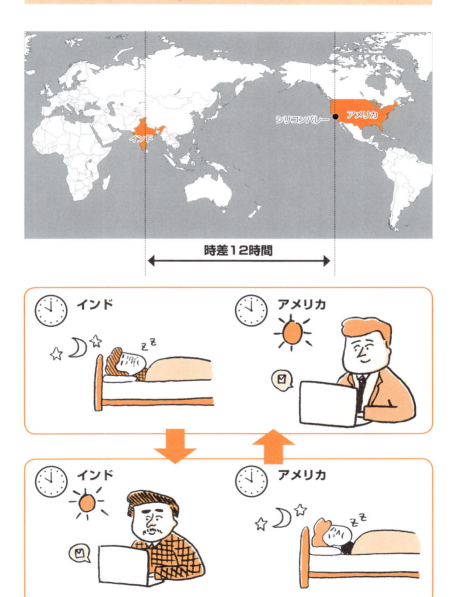

デジタルで一番進んでいる国は？

▶▶ 一気にデジタル大国となったデンマーク ◀◀

小国家ほどデジタル化が進みやすい

公的手続きや医療データのやりとりなどデジタル１つでできる時代。もっとも市民レベルにまでデジタルが浸透しているのはデンマークです。国連の経済社会局が発表した世界電子政府ランキングによると2018年はデンマークが１位、２位はオーストラリア、３位は韓国と続きます。

デンマークでは政府、地方自治体がいちはやくデジタル化の取り組みを進めてきました。2001年にIDとパスワードを用いた電子署名を取り入れ、以降、学校の入学手続き、住所変更、税金の支払い、年金申請などがネット上でやりとりできるようになりました。**デンマークの家庭の94%がインターネットに接続し、若者だけではなく、年齢層の高い世代にまでデジタル化が浸透しているのが特徴です。**

デジタル化に遅れをとる日本

デンマークがデジタル国家になった背景には、面積、人口ともに小さな国であることがあげられます。面積は約4.3万㎡で九州とほぼ同じ、人口は578万人とこちらは兵庫県とほぼ同じです。小国家であるゆえ、政府もアクションを起こしやすく、日本のように自治体ごとに取り組みが違うといったこともないのです。

同ランキングで2010年から2014年まで１位を保ってきた韓国も同様で、ランキングの10位までを見ても、オーストラリアを除くほとんどの国が小国家です。日本は10位ですが、政策は各自治体によって差異があるため、なかなか国民全員が同じような意識を持つのが難しいのが現状です。

世界電子政府進捗度ランキング

順位	国名	前回順位（2016年）
1	デンマーク	9位
2	オーストラリア	2位
3	韓国	3位
4	イギリス	1位
5	スウェーデン	6位
6	フィンランド	5位
7	シンガポール	4位
8	ニュージーランド	8位
9	フランス	10位
10	日本	11位

出所：国連 E-Government Survey 2018

たとえばデンマークでは、デジタル化された個人の健康管理データ（通院歴、カルテ、処方薬など）は、デンマーク版マイナンバー制度で国民1人ひとりのデータを一元的に管理しているんだ。マイナンバーを医療に生かす取り組みは日本でも始まっているよ

石油の時代が終わるってホント？

▶▶ 石油にかわる新時代のエネルギー ◀◀

石油資源枯渇の不安を払拭

　100年前のアメリカでは石炭がエネルギー消費量の80%を占めていましたが、自動車の動力源として石油が台頭して以後、長年世界のエネルギー市場を担ってきたのは石油です。

　しかし、地下2000メートルよりも深く存在するシェール層と呼ばれる泥が固まった岩石の中で薄片状にはがれやすい岩石「頁岩」から石油（シェールオイル）や天然ガス（シェールガス）が発掘されるとわかり、アメリカが開発を進め、2006年以降生産が本格化していきます。これは世界のエネルギー事情に革命を起こしました。

　石油資源は枯渇すると懸念されていましたが、シェール層からは膨大な資源量が確保できるという見方がなされています。実際に、シェールガスの生産が本格化することで、アメリカの天然ガス輸入量は減少し、国内価格も低下していったのです。

シェール革命が世界のパワーバランスを変えた

　シェールガス革命によって世界の石油勢力図は大きく変わりました。なかでも打撃を受けたのがロシアです。

　ロシアは天然ガスや原油などのエネルギーの輸出によって経済を支えてきました。ところが、ウクライナとガス価格の問題で対立、ヨーロッパへのガスのパイプラインがストップしている間にシェールガス革命が起こり、ロシアはエネルギー輸出の主役の座から転落します。以降、世界のエネルギーパワーバランスが大きく変わっていったのです。

シェールガスの採掘と一般の天然ガスの採掘

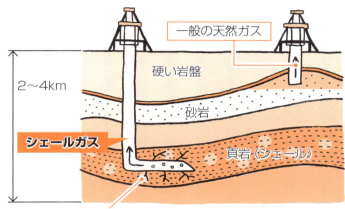

米国の電源構成の変化と見通し

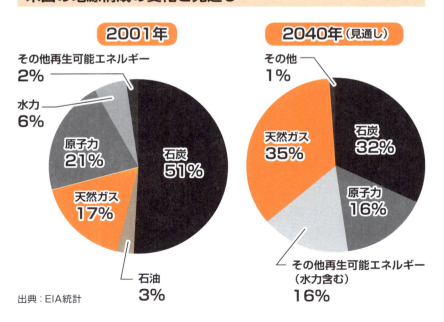

出典：EIA統計

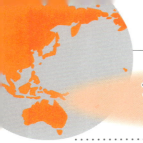

シェール革命でアメリカが世界の警察をやめた？

▶▶ 中東に頼らなくなったアメリカ ◀◀

アメリカが世界最大の産油国に

　2013年9月10日にテレビ演説でバラク・オバマ元大統領は、「アメリカは世界の警察ではない」と宣言しました。この背景にはシェール革命があります。

　アメリカはシェールガス、シェールオイルの開発により世界最大の産油国となりました。これまでアメリカが世界の警察でいたのは中東からの石油確保のため。中東を守ることで、石油輸入をまかなってきましたが、自国で生産できるようになり、その必要がなくなったのです。

　自国でエネルギー生産ができるようになったアメリカは、中東の安全保障にかかわることがなく、世界の警察でなくてもいいようになりました。

目が離せないアジア

　このことにより中東からのアメリカ軍撤退だけでなく、将来的には韓国、非公式ながらも2020年から2026年の間に沖縄から海兵隊を含んだ全アメリカ軍撤退なども打ち出しています。

　また、トランプ大統領は、2018年12月に「イラク駐留防衛費を払わないのであれば、自国の安全のために米軍を利用するのをやめてほしい」とアメリカファーストの姿勢を強めています。

　中東依存がなくなったアメリカにとって、目が離せないのがアジアです。とりわけ世界第2位の経済大国となった中国とは確執が続いており、中国が領有権を主張する南シナ海にアメリカがイージス艦を派遣するなど、一触即発の状態。まさに世界の警察どころの話ではなくなっているのです。

第1章 経済とテクノロジーをめぐる問題

世界のチョークポイント

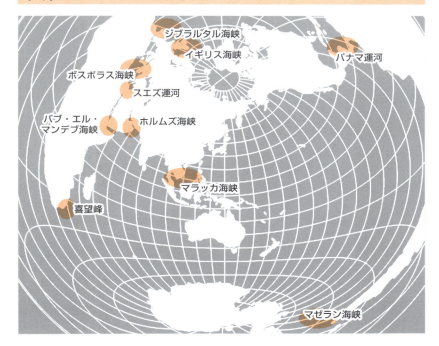

いまだエネルギーの多くを
石油に頼っている日本は、
中東周辺のチョークポイントが
封鎖されたら危機に！
アメリカはその心配がなくなってきてるんだ

チョークポイントとは

世界的に海上輸送のルートとして広く使われている狭い海峡のこと。地政学的には封鎖することで相手が不利になる要塞のことをいう。

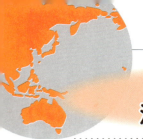

トランプ大統領の政策で温暖化対策は後退するの？

▶▶ 地球温暖化よりも国内経済を優先するトランプ政権 ◀◀

オバマ政権のクリーンパワー計画を撤廃

　2017年3月、トランプ大統領はオバマ前大統領が進めてきた地球温暖化対策を見直す大統領令に署名しました。

　トランプ大統領は2016年の大統領選期間中は「気候変動はでっち上げ」と発言しましたが、その後は発言を修正しました。とはいえ、アメリカ政府がまとめた気候変動にまつわる報告書を「信じない」としています。

　オバマ政権は2020年以降の気候変動問題にまつわる「パリ協定」に対応するため、発電所からの二酸化炭素の排出量を規制する「クリーンパワー計画」を2015年から施行していました。しかしトランプ大統領が署名した大統領令にはこの規制の撤廃も含まれていました。

大統領令が効果を発揮するには時間がかかる

　トランプ大統領は化石燃料を推進することで、国内のエネルギー生産を前進させることができるとしています。その裏ではトランプ大統領と石油、石炭産業との癒着が指摘されています。大統領選で大口の政治献金を行った企業は石炭採掘会社だったことも明らかになっています。

　トランプ大統領にとっては地球温暖化よりも、自国の化石燃料産業の活性化のほうが優先のようですが、発令した規制の見直しについては手続きが必要で、実際、効力が発揮されるまでには時間がかかります。**パリ協定からの脱退も表明しているトランプ大統領ですが、世界経済の主流は自然派エネルギーの転換や省エネ推進です。大統領の規制はむしろ、アメリカが世界から取り残され、経済力を後進させることも考えられるのです。**

第1章 経済とテクノロジーをめぐる問題

各国別の温室効果ガス排出量シェア

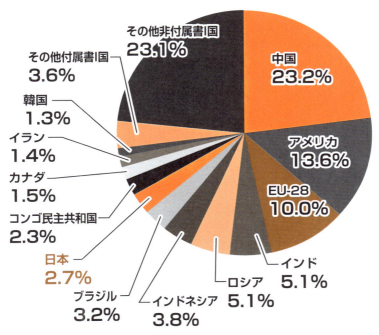

（注）条約によって、排出削減を義務づけられている国のリスト
出典：CO2 EMISSIONS FROM FUEL COMBUSTION2016(IEA)

パリ協定ってなに？

パリ協定とは、2020年以降の気候変動問題に関する国際的な取り決めのこと。1997年に京都で開催された会議で採択された「京都議定書」の後継となるもので、2015年、パリで合意された。京都議定書では、排出量削減の法的義務は先進国にのみ課せられていたが、パリ協定では途上国を含む全ての参加国に、排出削減の努力を求めている。

アメリカは温室効果ガス排出量が世界第2位なのに規制しないの？

世界の原発事情はどうなっているの？

▶▶ 原発に変わるエネルギーを模索 ◀◀

世界に脱原発を意識づけた福島の事故

2011年の東日本大震災時に起きた福島第1原子力発電所事故後、日本ではすべての原発を停止しました。現在は5基が再稼働しています。

世界で原発が増えていったのは、1972年に起きたオイルショック以降です。石油だけではエネルギーがまかなえず、原発に頼らざるを得ない状況になりました。しかし1979年のアメリカペンシルバニア州スリーマイル島、1986年の旧ソビエト連邦で起きたチェルノブイリ原発事故で世界に脱原発の動きが広まります。スウェーデンは現在、一部で原子力に頼っていますが、スリーマイル島事故当初は脱原発の方針を決定、チェルノブイリ事故以降はイタリア、ベルギーが原発の凍結もしくは新規建設の禁止を法律化しました。

アメリカは原発を推進

福島原発事故以降に脱原発を決定したのはドイツ、スイス、台湾、韓国です。一方、アメリカでは世界で最も多い99基が稼働しており、トランプ大統領は「クリーンで再生可能なエネルギーである原子力の再興と拡大」と演説で発言しています。フランスでも58基が稼働し、総発電量に占める割合は約76%となっています。オランド前大統領政権時には2025年までに50%に縮減する方針をあげていましたが、現在はこの目標時期を5年以上延長する方針を発表しました。**世界中で原発に変わるエネルギーの供給が求められるなか、原子力に頼らざるを得ないところがあるのも事実です。その政策は、各国、急ピッチで議論されています。**

第1章　経済とテクノロジーをめぐる問題

2017年における主要各国の原発利用状況

現在、原発を利用していて将来的にも利用予定

[ ]は運転基数

アメリカ	[99]	イギリス	[15]	南アフリカ	[2]
フランス	[58]	スウェーデン	[8]	ブラジル	[2]
中国	[37]	チェコ	[6]	ブルガリア	[2]
ロシア	[35]	パキスタン	[5]	メキシコ	[2]
インド	[22]	フィンランド	[4]	オランダ	[1]
カナダ	[19]	ハンガリー	[4]		
ウクライナ	[15]	アルゼンチン	[3]		

現在、原発を利用していないが将来的に利用予定

トルコ	イスラエル	サウジアラビア
ベラルーシ	ヨルダン	タイ
チリ	カザフスタン	バングラディシュ
エジプト	マレーシア	UAE
インドネシア	ポーランド	

現在、原発を利用していて将来的には非利用

[ ]は運転基数　（脱原発決定年／脱原発予定年）

韓国	[24]	（2017年閣議決定／2080年過ぎ閉鎖見込み）
ドイツ	[8]	（2011年法制化／2022年閉鎖）
ベルギー	[7]	（2003年法制化／2025年閉鎖）
台湾	[6]	（2017年法制化／2025年閉鎖）
スイス	[5]	（2011年法制化／-）

現在、原発を利用せず

イタリア（1988年閣議決定／1990年閉鎖済み）
オーストリア（1979年法制化）
オーストラリア（1988年法制化）

スタンスを表明していない国も多数

※資源エネルギー庁「世界の原発の歴史」（https://www.enecho.meti.go.jp/about/special/tokushu/nuclear/sekainonuclear.html）をもとに作成

日本はなぜ、核兵器禁止条約に参加しないの？

▶▶ 核のない世界の実現に向けての日本の立場 ◀◀

核保有国はわかっているだけでも9か国

　第二次世界大戦後、世界では核兵器の開発が進められてきました。冷戦時代に比べると数は減ったものの、威力を増しているのが現状です。現在、核兵器を保有しているとされる国は9か国。内訳はアメリカ、ロシア、フランス、中国、英国、パキスタン、インド、イスラエル、北朝鮮です。

　ストックホルム国際平和研究所の報告書によると、世界の核弾頭の保有数は、今後封印、解体されるものも含めて1万4000発以上になります（2018年現在）。

唯一の被爆国としての日本の役割

　世界で唯一の被爆国である日本は核兵器廃絶を訴え続けています。しかし、2017年国連で採択された核兵器の開発・使用を全面的に禁じる「核兵器禁止条約」に日本は参加していません。

　この条約には120か国が賛成し、59か国が署名、50か国が批准しています。日本の不参加は被爆者団体や国際社会からも指摘され、被爆国として加わるべきであるといわれています。日本が参加しなかったのは日本の安全保障のためにはアメリカの核兵器が必要不可欠であるからといわれていますが、**会議に核保有国が参加しておらず、日本が提出してきた核廃絶議案が盛り込まれていなかったことが大きな理由です**。保有国が欠席のままの話し合いで核廃絶を進めるのは難しいという考えです。**日本としては核保有、非核保有の両者が参加するG7や核拡散防止条約、包括的核実験禁止条約を通じて、核廃絶を訴えていく考えを示しているのです。**

第1章 経済とテクノロジーをめぐる問題

世界の核保有状況

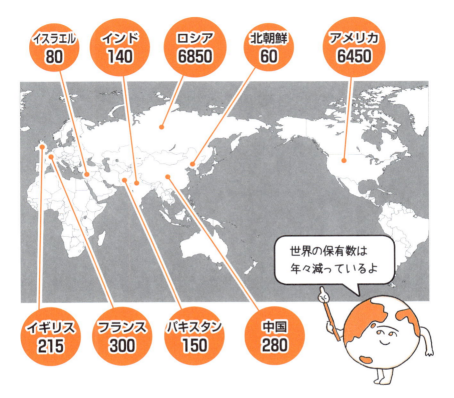

	核兵器として配備	未配備（在庫）	解体待ち	総数
ロシア	1600	2750	2500	6850
アメリカ	1750	2050	2650	6450
フランス	290	10	-	300
中国	0	280	0	280
イギリス	120	95	-	215
パキスタン	0	150	0	150
インド	0	140	0	140
イスラエル	0	80	0	80
北朝鮮	-	60	0	60

出所：長崎大学核兵器廃絶研究センター（RECNA）「世界の核弾頭一覧」

史上最強の核爆弾『ツァーリ・ボンバ』
以上のものは開発される？

▶▶ 人類を滅亡させかねない核開発の現状 ◀◀

ツァーリ・ボンバの威力は広島原爆の約3300倍

　　人類史上最も威力のある核爆弾は旧ソ連が開発した「ツァーリ・ボンバ」です。核爆弾の皇帝とも呼ばれ、その威力は広島に投下された原子爆弾「リトルボーイ」の約3300倍とされています。

　ツァーリ・ボンバは冷戦時代に開発され、1961年10月30日に北極のノヴァヤゼムリャで実験されました。弾8m、直径2mの核爆弾はあまりにも威力が強すぎるため、出力を落として実験されました。

　それでも致死域は半径6.6km、爆風によって殺傷できる範囲は23kmで、爆発による衝撃波は地球を3周したといわれています。

東京に投下されれば日本は壊滅

　仮に東京に投下された場合は、都内全域はすべて焼け野原になります。神奈川、千葉、埼玉だけでなく、宇都宮、静岡あたりまで爆風でガラスが割れ、日本全体が壊滅状態になります。死者は1000万人を下らないともいわれています。

　この実験は世界を震撼させ、今後このような実験を行わないよう、100か国以上が協定に署名しました。

　ツァーリ・ボンバは現存していません。そして以降、ツァーリ・ボンバを超える核兵器は開発されていません。

　当時の技術でも日本列島ひとつを壊滅状態にさせるほどの威力を持った核兵器ですから、これ以上の開発が進み、もし使われることがあったとしたら、おそらく人類の歴史は終わりを告げることは間違いないでしょう。

史上最大の核爆弾の威力

ツァーリ・ボンバ
破壊力　50000キロトン

ファットマン（長崎型）
破壊力　21キロトン

リトルボーイ（広島型）
破壊力　15キロトン

ツァーリ・ボンバが東京に落ちた場合の被害の範囲

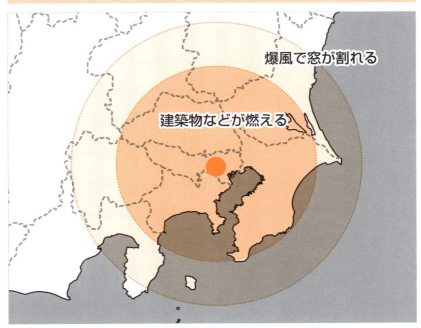

※「NUKEMAP by Alex Wellerstein」を基に作成

Column

地政学用語①

【シーパワー】

海洋国家ともいう。国土が海に面しているもしくは周辺が海に囲まれており、海上交通を活用することで、勢力を拡大してきた国家のこと。アメリカ、イギリス、スペイン、オランダ、日本など。

【ランドパワー】

大陸国家ともいう。大陸の内部にあり、陸続きの他国と国境が接している。騎馬、鉄道、自動車など陸上交通の発達によって国力の勢力拡大をはかる国家のこと。ロシア、ドイツ、フランス、中国など。

【ハートランド】

ユーラシア大陸の中央部で、シーパワーの影響を受けない国や地域（東ヨーロッパ）。イギリスの地理学者マッキンダーは「ハートランドを制する国家が世界を支配するであろう」と唱えた。

【リムランド】

アメリカの地政学者・スパイクマンの造語で、ハートランドの外縁部で外洋に直接アクセスできる地域。シーパワーとランドパワーの両方の特性を併せ持つが、両者が衝突する地域でもある。

第2章 政治と移民をめぐる問題

日本が実は移民大国ってホント？

▶▶ 世界第4位の移民受け入れ国である日本 ◀◀

慢性的な人手不足も要因の1つ

近年、コンビニやレストランで外国人が働く姿をよく見かけます。東・東南アジア系だけでなく、最近は中東地域の人たちも多く日本に移り住んでいます。厚生労働省の調べによると、日本の外国人労働者数は2018年10月に146万人に達しています。

2018年には国会で改正出入国管理法が成立し、これまでよりも外国人の受け入れの窓口が広がることになりました。

外国人の受け入れを政府が積極的に行う背景には、日本の人口減少の問題があります。少子高齢化で、慢性の人手不足。とりわけ、農業、介護職、建設業は働き手が少なく、外国人労働者に頼らざるを得ない状況です。

社会的サポート体制を整えることが先決

外国人労働者は東京以外の地方にも多くいます。果物農家でフィリピン人やベトナム人たちがいちご、メロンなどを育てているなんてことも。単純労働をする外国人労働者も多くいますが、**なかには日本の進んだ技術を学ぶために来日している外国人も少なくありません。彼らは母国にその技術を持ち帰り、社会を発展させようとしているのです。**

しかし問題もあります。外国人労働者が働くための生活支援がまだまだ整っていないこと。言葉が通じず、孤立してしまうケースも少なくありません。また、子育てなど社会的なサポートが整っていないのも現実。安い賃金で働かされ、貧困にあえぐ外国人労働者も問題となっており、その数が増えることで治安が悪化することも懸念されています。

第2章 政治と移民をめぐる問題

世界の移民受け入れランキング

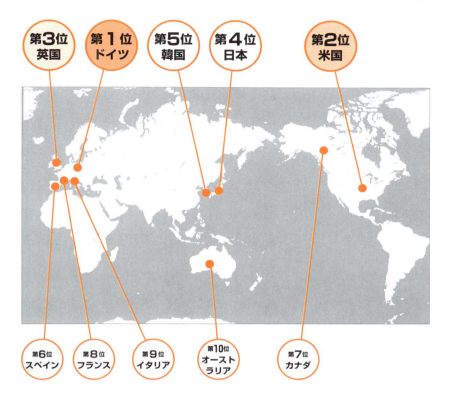

第1位	ドイツ（約201万6千人）	第6位	スペイン（約29万1千人）
第2位	米国（約105万1千人）	第7位	カナダ（約27万2千人）
第3位	英国（47万9千人）	第8位	フランス（約25万3千人）
第4位	日本（約39万1千人）	第9位	イタリア（約25万人）
第5位	韓国（約37万3千人）	第10位	オーストラリア（約22万4千人）

※経済協力開発機構（OECD）加盟35カ国のうち1年間に流入した移住者数（2015）上位10カ国

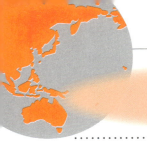

日本で働く外国人はどの国の人が多いの？

▶▶ 日本で働く外国人労働者の割合 ◀◀

事前に日本の文化を学ぶベトナム人

　日本で働く外国人のうち一番多いのが中国人です。その割合は外国人労働者全体の26.6％で、その次がベトナム人で21.7％、そのあとはフィリピン、ブラジルと続きます。中国人の働き手は製造業や小売業など幅広いのに対し、ベトナム人は技能実習生が多いのが特徴です。**技能実習生は技術を学ぶため企業と雇用契約を結び、研修を受けながら働きます。勤勉といわれるベトナム人は今や日本の労働力に欠かせないといえるでしょう。**

　ベトナムでは日本で働くことが決まった者は、事前に日本語や日本の文化を学ぶために研修を受けることになります。若者たちが学校に集まり、寮生活を送りながら、朝から晩までみっちりと研修を受け、あいさつの仕方、ごみの分別まで日本の常識を叩き込まれます。

安い賃金に耐え切れず不法滞在者になるケースも

　中国やベトナムから来た労働者の多くは、母国よりも日本で働いたほうが、賃金が高いといいます。それにつけこみ、最低賃金で働かせる企業も多く存在します。残業代も払われずに、長時間働かされるケースも多々あります。理不尽に怒鳴られたり、差別やパワハラを受け、それに耐えられず失踪してしまう労働者たちも。2017年の法務省による調査では、1年で約7000人が失踪していることが明らかになっています。彼らは国に帰ることができず、違法に日本に滞在し、身分証明が不要な怪しい仕事につかざるを得ない状況に陥るのです。これらがのちの世に持ち出され、問題にならなければいいのですが。

第2章 政治と移民をめぐる問題

国籍別外国人労働者の割合

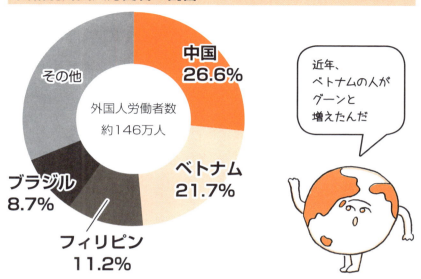

在留資格別外国人労働者の割合

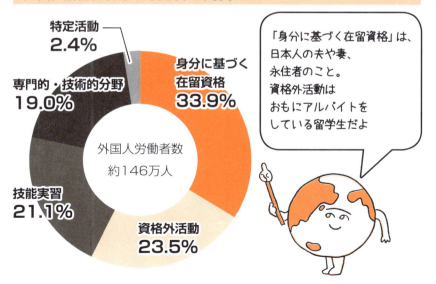

出所：厚生労働省（2018年10月末現在）

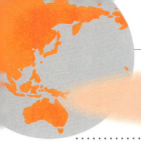

日本に来る移民たちが一番苦労するのは？

▶▶ 移住生活を阻む文化の違い ◀◀

豚やアルコールを口にできないムスリムの人たち

　安い賃金で働かされ、文化にもなじめず失踪してしまう移民たち。日本に滞在する外国人が日本で経験する苦労はさまざまでしょう。

　食文化の違いも大きな苦労の１つです。特にムスリム（イスラム教徒）の国から来た移民たちは食で苦労するといいます。 彼らは宗教上、豚やアルコール由来のものが一切、口にできないのです。

　それでは豚肉を食さず、お酒を飲まなければいいのでは？　と考えがちですが、たとえば調味料の原料に豚やアルコールが使われていてもNG。特にアルコールは顕著で、みりん、料理酒もご法度です。市販のしょうゆやみそには、発酵を止めるために、ほとんどといっていいほどアルコールが使われているので、料理に使うことはできないのです。

観光客の受け入れ環境は進む

　以前に比べると日本人のムスリムに対する理解は深まっています。空港や百貨店にはムスリム用の礼拝室ができ、ハラール（ムスリムの人たちが口にできる食）を扱うレストランも増えました。最近ではハラール用のしょうゆができるなど、中近東をはじめとするムスリムの人たちが安心して、日本に滞在できるような取り組みもされています。

　しかしこれらは観光客向けの対策です。比較的、食文化が似ている中国人や韓国人、ベトナム人などと違い、ムスリムの人たちが日本で生活するにはまだまだ課題があります。彼らは移住先として日本を選ぶのを躊躇している状況です。

世界の宗教信者数とその割合

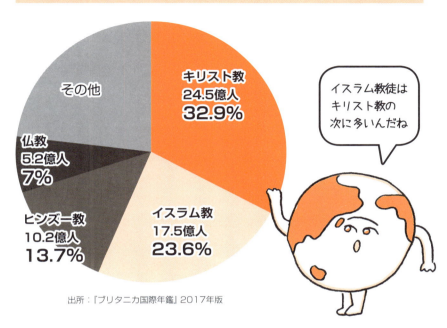

ムスリムが食べられない豚由来の食べ物

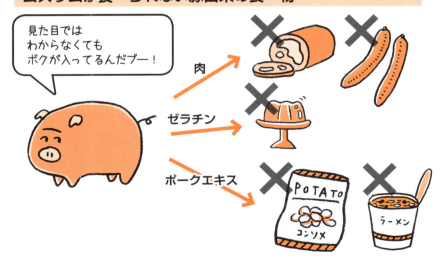

なぜ新大久保はコリアンタウンに なったの？

▶▶ 日韓関係に左右される街の盛衰 ◀◀

歌舞伎町へ通うのに便利だった新大久保

　コリアンタウンとして名高い新大久保駅周辺は、韓国人以外にも中国人、ネパール人、インド人などさまざまな国の人たちが暮らしています。狭い路地が入り組んでいるため再開発が進まなかったことで、古くて安いアパートが多く、1980年代から多くのアジア系の人たちが住んでいました。

　バブル時代、日本と韓国の間ではまだ経済格差がありました。当時、景気の良い日本でのおもな働き先はいわゆる水商売。韓国人たちが働くクラブなどが多くあった歌舞伎町に近いというのも新大久保に韓国人が多く住む大きな理由の1つになりました。しかし、2000年になると入国管理局からの摘発があり、韓国人の働く店が次々と歌舞伎町から撤退。その隣の新大久保に流れたといわれています。

韓流ブームをきっかけに訪問客が増大

　2002年日韓サッカーW杯、そして2003年に放送されたドラマ『冬のソナタ』の影響で日本に韓流ブームが訪れ、一気に新大久保に韓国関連の店が増えます。K-POPを聴く日本の若者も訪れるようになり治安も良くなった新大久保には、韓国以外のコミュニティもできるようになりました。**現在はネパール、インド、ベトナムからの外国人労働者の居住先としても、住みやすい新大久保が選ばれているのです。**

　一方、韓流ブームによって増えた韓国系の店は日韓の緊張状態が浮き彫りになると鳴りを潜め、中には閉店してしまうところもあります。日韓の関係はいまだに新大久保界隈の生活にも影響を与えているようです。

韓流ブーム年表

2002年
FIFAワールドカップ開催。新宿界隈は赤いユニフォームを着た韓国人サポーターであふれ、韓国料理店の駐車場に設置された大型スクリーンの前で応援する姿が話題に。

2003年
NHKで韓国ドラマ『冬のソナタ』が放送され、主演のペ・ヨンジュンが日本でも大人気に。冬ソナ、ヨン様ブームが起こり、次々と韓国ドラマが日本で放送されるようになる。

2010年
少女時代やKARAといった韓国のガールズグループが日本のアイドル界を席巻。中高生を中心に人気を博す。ここから日本で本格的なK-POPブームが巻き起こる。

2018年
韓国発祥のフード『チーズタッカルビ』やSNS映えする韓国版ホットドッグ『ハットグ』が新大久保で一大ブームに。販売する店に行列ができるほどの人気となる。

日本では二重国籍は認められないの？

▶▶ 日本の二重国籍禁止規定は時代遅れか ◀◀

多重国籍者の外国籍離脱は努力義務

日本の法律では、両親の国籍が違う多重国籍者には満22歳の誕生日までにいずれかの国籍を選択するよう定めています。日本は血統主義のため、両親のいずれかが日本人の場合は日本国籍が得られるようになっています。しかし日本国籍を選択した場合でも、外国国籍を離脱するのは努力義務のみにとどまっています。なかには国籍を離脱することができない国もあり、日本国籍を選んだ後ももう1つの国籍を放棄しない人もいます。

一方、アメリカや欧州、オセアニアは原則的に二重国籍を認めています。移民の受け入れが進んでいると、二重国籍を容認せざるを得ません。

90年代以降はメキシコ、ハンガリー、ブラジルが二重国籍を容認し、2010年は韓国でも法改正が行われ、外国国籍放棄義務が緩和されました。

巷では二重国籍を認める議論も

今は日本にも多くの移民が暮らしています。将来的に外国人労働者が増加すると、アメリカや欧州のように二重国籍を認めたほうが彼らも安心して働くことができます。二重国籍の制度を緩和することで、世界中から優秀な人材を確保することも可能になります。また、最近はグローバル化が進み、『国籍唯一の原則』も時代遅れとなっています。

とはいえ、世界で戦うスポーツ選手など、日本でない国を選べば"裏切者"といった批判が起きてしまうのも現実です。

著名人の国籍選択問題が取り上げれられるたびに、二重国籍の議論がなされているのです。

第2章　政治と移民をめぐる問題

二重国籍が認められている国

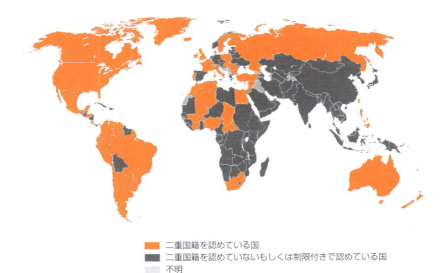

■ 二重国籍を認めている国
■ 二重国籍を認めていないもしくは制限付きで認めている国
■ 不明

血統主義と出生地主義

血統主義は出生時に親の国籍を継承し国籍を取得する方式。一方、出生地主義は、親の国籍は関係なく、出生した場所の国籍が取得できる。

血統主義を採用している国

日本、中国、韓国、イギリス、イタリア、オーストリア、オランダ、ギリシャ、スペイン、トルコ、スウェーデンなど

出生地主義を採用している国

アメリカ、カナダ、メキシコ、アルゼンチン、ブラジル、ペルー、ウルグアイ、ベネズエラ、エクアドル、タンザニアなど

アメリカのトランプ大統領は不法移民対策のために出生地主義を廃止しようとしているよ

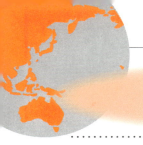

国籍ってそんなに簡単に変えられるものなの？

▶▶ 高い条件が設けられる永住権や国籍取得 ◀◀

日本は両親の国籍を引き継ぐ血統主義

2016年に開催されたリオデジャネイロオリンピックに出場するため、タレントの猫ひろしさんがカンボジア国籍を取得しました。猫さんが今後、日本国籍に戻すには、外国人が帰化するのと同様、**日本に5年以上住んだうえで法務大臣の許可が必要となります。他の国を見ても、国籍を変えるのは非常に困難を極めます。EU加盟国も厳しい移民法を適用しています。**たとえばスイスの場合は、スイスに居住している、スイス人の先祖がいるもしくはスイス人と結婚している場合のみ取得できます。スイスで生まれたからといってスイス国籍が取得できるものではありません。

これは日本も同様で、両親のいずれかが日本国籍の場合、子どもがそれを受け継ぐかたちになります。これを血統主義といいます。

アメリカで生まれてもアメリカ人にはなれなくなる？

一方、移民の国アメリカはどうでしょう。アメリカは外国人であっても、アメリカで生まれれば国籍を与える出生地主義をとってきました。ほかの国で生まれた子どもでも、両親のいずれかがアメリカ人で5年以上の滞在があれば国籍が与えられます。しかし、2001年の同時多発テロ以降、国籍取得条件は年々厳しくなっています。というのもアメリカ当局が行った調査によると、テロにかかわった犯罪者の73%が移民であることが明らかになったからです。加えてトランプ大統領は出生地主義を廃止する考えを示しています。近い将来、アメリカで生まれても、国籍は取得できない可能性が出てきているのです。

第2章 政治と移民をめぐる問題

帰化許可申請者数と帰化許可者数の推移（日本）

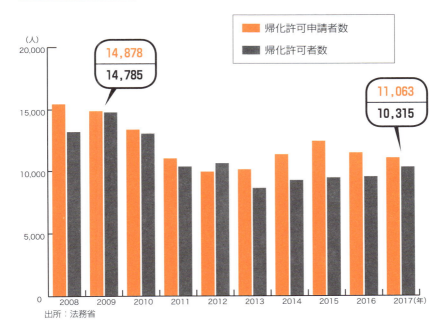

出所：法務省

帰化許可を得るための条件

- 引き続き5年以上日本に住んでいること
- 20歳以上であること
- 安定した生計を立てていること
- 犯罪歴がない　など

帰化とは、日本国籍取得を希望する外国の人からの申請によって行うもの

日本に帰化した有名人

ラモス瑠偉（元サッカー日本代表・1989年帰化）
呂比須ワグナー（元サッカー日本代表・1997年帰化）
三都主アレサンドロ（元サッカー日本代表・2001年帰化）
クリス・ハート（歌手・2017年帰化）
アレックス・ラミレス（プロ野球監督・2019年帰化）

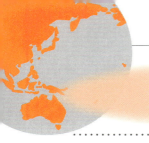

アメリカ合衆国には どこから人が来たの？

▶▶ 時代によって変化する移民の国籍 ◀◀

ヨーロッパからの移住と黒人奴隷の注入

建国（18世紀末）以前からヨーロッパ各地での宗教弾圧を逃れてきた白人と、プランテーション農業の労働力としての黒人が、アメリカ合衆国建国当時の人口構成です。

1860年代は南北戦争で黒人奴隷制が廃止され、その代わりとなる労働力として中国系移民が雇われるようになりました。

大陸横断鉄道は茶（中国人）とウイスキー（アイルランド人）によって作られたという言葉もあるほどです。

労働者として渡った日本人

南北戦争後の急激な経済成長で、アメリカには1870年代から第一次世界大戦まで約3000万人の移民が来ました。

その中には日本人も含まれます。最初はハワイでのサトウキビやパイナップル畑の働き手として雇われ、以降本土にも日本人が集団で移り住むようになりました。

しかし、日露戦争を機にアメリカと日本の関係は険悪となり、日本人移民の排斥運動が起こります。

そして1924年に新移民法が施行され、入ってくる移民を国別で制限しました。

現在はこの移民法は適用されていませんが、アメリカは戦争と労働者の確保によって入植する移民の国籍がその都度、変化していったのです。

日本人移民とアメリカ

1884年	明治政府が日本国民の海外渡航を正式に許可。1882年の中国人排斥法により移民が禁止された中国人に代わり、日本からの移民が増加
1896年	日本郵船による横浜～シアトル航路開通。シアトルへの移民が急増する
1905年	アジア人排斥同盟がサンフランシスコで設立
1908年	日米紳士協定により日本政府はアメリカへの移民を自主規制することに
1914年	第一次世界大戦
1924年	移民法により移民の数を国別に制限
1939年	第二次世界大戦勃発
1941年	日本による真珠湾攻撃で太平洋戦争開戦
1942年	大統領令9066号発令。12万人の日系アメリカ人が強制収容所に送られる
1945年	第二次世界大戦終戦
1952年	移民国籍法が制定。市民権が取得できるようになる

マフィアって世界中の犯罪組織のことじゃないの？

▶▶ シチリア島で生まれ世界中に散らばった犯罪組織 ◀◀

イタリア人移民によりアメリカでも勢力を伸ばす

映画『ゴッドファーザー』の影響もあり、マフィアの存在は世界中で広く知られています。マフィアというと世界中の裏組織を牛耳っている犯罪組織の総称と思われがちですが、もともとはイタリアのシチリア島で生まれた組織です。

起源はいくつか説がありますが、活動が表面化してきたのは19世紀。シチリア島で地主層の圧政に反抗した農民たちが土地を守るために結成した自警集団であったことがわかっています。

マフィアたちは1870年ごろアメリカに渡り、シカゴ、セントルイス、クリーブランドなどを中心に全米で根を張ることになります。

そして1929年に起きたギャング同士の抗争「聖バレンタインデーの虐殺」で世間に多大なるショックを与えました。

マフィアのグローバル化が進む

マフィアは現在もシチリア島を中心に活動をしていますが、アメリカ、カナダ、オーストラリアにも存在。最近はグローバル化が進み、ヨーロッパの各地でも影響力が浸透しつつあると、イタリアのマフィア対策庁長官は言及しています。

一般に犯罪組織のことを総称して"マフィア"と呼ぶことも多いですが、基本的に"マフィア"とはシチリア島の組織のことを指します。"ジャパニーズ・マフィア"は昨今は映画やテレビゲームの影響から「YAKUZA（ヤクザ）」と呼ばれるようにもなっています。

イタリアンマフィアの4大組織

① カモッラ
② サクラ・コローナ・ウニータ
③ ンドランゲタ
④ コーサ・ノストラ

マフィアの活動拠点はイタリア南部。
温暖な気候を生かして、太陽光発電事業に投資して、
違法に稼いだ金を増やしているらしい。
ドイツでは太陽光パネルが
マフィアに盗まれる被害も出ているそうだよ

アメリカは移民の国なのに なぜ移民を嫌うの？

▶▶ アメリカの白人至上主義の崩壊と移民対策 ◀◀

30年後は白人の数が半分以下に

　アメリカは現在、合法移民を年間70万人受け入れており、世界で2番目の移民大国です。しかし、合衆国の人たちは移民を快く受け入れてはいません。トランプ大統領が大統領選で支持されたのも、移民対策を大きく掲げていたからです。

　現在、アメリカでは中南米系（ヒスパニック）の人口が全体の約17％と黒人の人口を上回っています。**白人の人口も2050年には半分以下になるといわれており、移民に仕事を奪われることを懸念する労働者階級の白人たちが、トランプ大統領を支持しているのです。**トランプ大統領に限らず、共和党は移民の受け入れは社会的困難を招くと消極的です。

移民の家族が増えれば、さらなる混乱も

　中南米の人たちはアメリカをお金が稼げる国として見ています。おまけにアメリカは出生地主義をとっており、移民たちが生んだ子どもは自動的にアメリカ国籍を取得できます。そうなると将来的に彼らが大人になったときに、母国から家族を呼び寄せ、さらに移民の数が増え、社会的混乱を招くのではないかと議論されています。

　なかには治安の悪い国から来る移民もいます。トランプ大統領が「犯罪者の集団」と批判するエルサルバドル、ホンジュラス、グアテマラでは、ギャング集団が横行しており、移民集団の中に混じっている可能性もおおいにあるのです。そして現在も、中南米の国々からアメリカ入国を目指し歩を進める人々があとを絶ちません。

第2章 政治と移民をめぐる問題

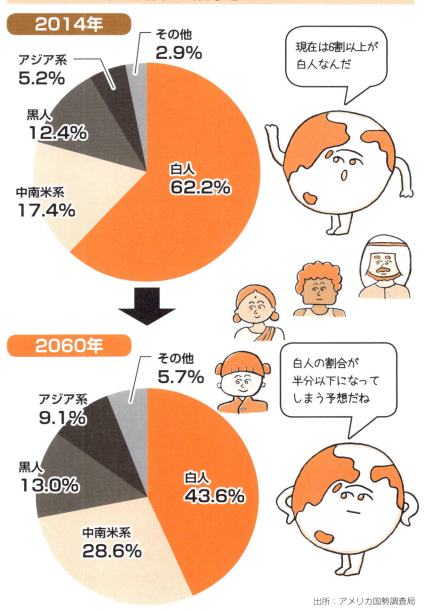

出所：アメリカ国勢調査局

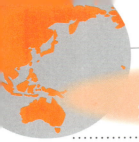

移民集団「キャラバン」はなぜアメリカを目指すの？

▶▶ SNSでの呼びかけで始まった民族大移動 ◀◀

犯罪や暴力から逃れるためアメリカ行きを決断

　2018年、ホンジュラスを中心とし、治安悪化が問題視される中米の国々の人たちが祖国から逃げ、アメリカを目指す移民集団「キャラバン」が、大きな話題となりました。SNSを通じて難民を支援するNGO団体の『危険な国を捨てて、アメリカへ』という呼びかけが拡散され、彼らは4000キロも離れた道のりを歩き続け、アメリカを目指しました。

　なぜ、彼らはアメリカを目指すのか。それにはホンジュラスの治安に問題があります。殺人率が2年連続世界1位。武器密輸、強盗、麻薬密売、人身売買など、あらゆる凶悪犯罪に手を染めるギャング集団「マラス」が街にはびこり、治安は最悪。市民の生活もおびやかされている状態です。

アメリカで仕事に就きたい移民と阻止したい米大統領

　彼らの情報ツールはFacebookなどのSNSです。アメリカの動向もSNSによって情報収集してきました。祖国では働き口がなく、犯罪に手を染めるしかない若者たちの未来の選択はあまりにも狭い。アメリカならば働き口がある。藁をもつかむ思いで、野宿しながら、4000キロを歩きました。沿道のボランティアが食料、水、衣服のほか、小さな子どものためのおむつも配っていました。

　アメリカに行けば仕事が見つかり、1週間働けばホンジュラスの1か月分に値する給料がもらえると、キャラバンの人々は期待を寄せます。しかしアメリカのトランプ大統領は、不法難民を阻止するために、国境封鎖も辞さない考えを示しています。

第2章　政治と移民をめぐる問題

キャラバンの移動ルート

メキシコとアメリカの国境にたどり着いても
入国審査手続きが済まないと
アメリカには入れない。
待ちきれずに強行突破しようとする人や
あきらめて自国に戻る人も出てきているんだ

トランプが建設を目指す メキシコ国境の壁ってどんなもの？

▶▶ **不法移民の入国を阻止するためとする選挙公約の要** ◀◀

選挙公約実現を阻む膨大なコスト

　アメリカのトランプ大統領は、メキシコとの国境沿いに壁を作る構想を断固として訴えています。中南米の国々からの不法移民がアメリカへ入国することを阻止するためです。

　アメリカとメキシコの一部の国境沿いにはすでに互いを仕切る壁が存在しています。壁といってもコンクリートのものから鉄柵、または壁そのものはないにせよ、監視カメラが設置されているなど種類もさまざまです。

　アメリカは既存の壁に約70億ドル（約8000億円）もの費用をかけています。維持・修復費など、今後もさらなるコストがかかることは必須です。

費用負担の問題でメキシコと対立

　国境は北米大陸を横断するかたちで約3200kmにも及びます。そして国境の多くを占めるテキサス州の用地の95％は私有地です。国境全域に壁を立てるには地権者から土地を買わなくてはならず、用地買収に当たってもさまざまな対立があります。

　アメリカ国土安全保障省の試算によると、新たな壁の建設・維持管理費用は10年間で約180億ドル（2兆円）はくだらないとされています。**トランプ大統領は壁の建設費用をメキシコに負担させると主張していますが、もちろんメキシコは反発。地理的な状況も含めて、全域に壁を作るのはまず現実的ではありません。**

　トランプ大統領の考える壁は現実的に建設されたとしても、国境の半分にも満たないであろうというのが専門家たちの見解です。

第2章 政治と移民をめぐる問題

アメリカ・メキシコ国境の壁

アメリカよりもドイツの方が移民大国なの？

▶▶ 過去の反省から進められた移民政策 ◀◀

好景気で住み着いた移民たち

ドイツは2015年にシリア、中東、バルカンの紛争地域から流れてきた難民を約90万人受け入れました。

ドイツの移民受け入れの歴史は第二次大戦直後までさかのぼります。

ドイツは第二次世界大戦中、ヒトラー率いるナチス・ドイツがユダヤ人を強制収容所に入れて大量虐殺した歴史があります。また、敗戦後、社会主義化した東ドイツ領から多くの移民を受け入れたこともあり、ドイツは難民への対応が寛容だったのです。

1950年代から1960年代にかけて、ドイツは好景気に恵まれ、おもにトルコから働き手を招きました。一時的な出稼ぎ労働者としてしか考えていなかったにも関わらず、彼らの多くは祖国から家族を招き、ドイツに住むようになったのです。

十分な教育を受けていない移民たち

ドイツには現在、1200万人近い難民がいます。2015年にシリアの内戦悪化であふれた難民を受け入れたドイツのメルケル首相は、ドイツ国内で移民や難民を雇用することで、人手不足に悩むドイツ経済が安定すると考えていたのです。

ところが実際のところ、雇用できる難民は非常に少ないのが現状です。彼らは十分な教育を受けていないため、字の読み書きすらできない者も多いのです。また難民たちがトラブルを起こすこともあり、移民・難民政策に巨額のお金が使われることに反発を持つ国民が増えているのも実情です。

移民・難民受入数の多い国

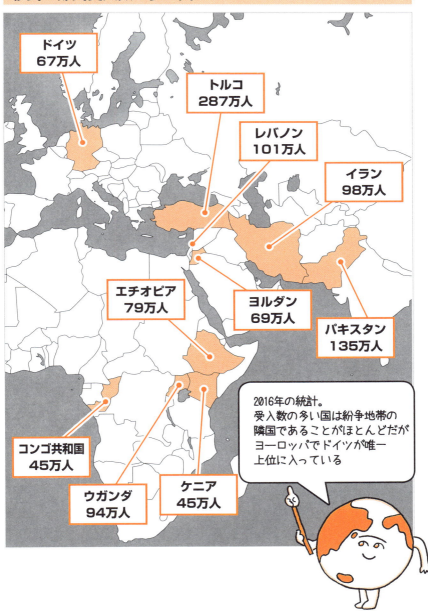

英国にEU離脱を決意させた移民問題って?

▶▶ EU加盟国拡大により欧州移民が英国に流入 ◀◀

2000年代欧州移民への厚待遇が裏目に

　英国のEU離脱問題で世界経済がどう動くのか、先行きが見えない状態が続いています。**そもそも英国のEU離脱の引き金になったのには移民問題があります。これは近年のシリア難民ではなく、2004年に東欧諸国10か国をEUに加盟させたことに伴う欧州内移民のことを指します。**このとき、EU加盟国は新規加盟国からの移民に7年間の就労制限を行使していましたが、英国だけは例外で門戸を開いていたのです。英国は多文化主義でグローバリズム国家として世界のイニシアチブをとってきました。しかし2000年代以降、欧州内移民に対し社会保障制度の充実を図ってきたことが裏目に出て、低所得層や労働者層から反発が出るようになりました。

EU離脱で不法移民問題が深刻化か

　EUは国籍の隔たりなく、欧州内を行き来できる「移動の自由」を理念として掲げてきました。しかし昨今はそれも崩れ去ろうとしています。

　英国の国旗はイングランド、スコットランド、アイルランドの3つの国の象徴からなるユニオン・ジャックです。しかし移民問題で国内では白人社会が台頭しています。イングランドの地方都市ではイングランド旗のセントジョージ・クロスがはためき、黒人、アジア系、ポーランド系を排除する思想も高まっています。しかし、移民の自由を制限したところで、英国国内の労働問題が解決するわけではありません。英国も日本と同様に深刻なる人手不足が起きています。今後、EU離脱によって移動の自由がなくなった場合、不法移民問題が深刻化することが懸念されています。

EU加盟国の拡大

1967年	フランス、ドイツ、イタリア、ベルギー、オランダ、ルクセンブルク（ヨーロッパ共同体（EC）発足時）
1973年	イギリス、アイルランド、デンマーク
1981年	ギリシャ
1986年	スペイン、ポルトガル
1995年	スウェーデン、フィンランド、オーストリア
2004年	キプロス、マルタ、スロベニア、チェコ、ハンガリー、ポーランド、スロバキア、リトアニア、エストニア、ラトビア
2007年	ルーマニア、ブルガリア
2013年	クロアチア

※1993年ECからEUに発展

1989年ベルリンの壁崩壊に端を発した東西冷戦の解消が実現し、2004年に中・東欧を中心とした10か国が一気にEUに加盟。2007年にはさらに2か国が加盟し、このころから高い給料水準を求め、新しくEUに加盟した東欧の国から英国に流入する移民が増加。移民に雇用が奪われているとの不満が英国の労働者層から生まれます。さらに、それら東欧からの移民は、EU市民であるため、公共サービスも無料で受けられることから、税金の使われ方への不満も膨らんでいきました。

英国のEU離脱は、国内の中でも残留派、離脱派の隔たりが大きいんだ。国民投票で離脱が決定したとはいえ、まだまだ揺れ動いているんだよ

欧州サッカーには移民の活躍が欠かせない？

▶▶ W杯に出場した欧州組も移民がほとんど ◀◀

移民に寛容なフランス

　2018年サッカーワールドカップはフランス代表が優勝しました。代表メンバーを見るとさまざまな国にルーツを持つ選手が選出されていることがわかります。代表メンバーのうち移民の割合は9割。フランスを代表するスーパースター、ジネディーヌ・ジダンも、自身はマルセイユ出身ですが、アルジェリアの少数民族カビール人の両親を持ち、『北アフリカ移民の星』といわれています。

　なぜ、フランスで移民の選手たちが活躍できるのでしょうか。それはフランスが外国人の帰化に関して寛容だったからです。戦後の高度経済成長期に多くのアフリカ系の移民を労働者として迎え入れ、移民たちは家族を呼び寄せ、定住するようになりました。その子孫がサッカーをはじめ、スポーツの分野で活躍するようになったのです。

フランスの移民問題は明と暗に分かれる

　フランスの移民たちはパリなどの都市部ではなく、郊外で暮らしています。移民同士の仲間意識も強く、子ども時代に遊ぶのはもっぱらサッカー。また、移民の多くを占めるアフリカ系、アラブ系は多産をよしとしており、フランスはEUの中でもトップの出産率をほこります。**移民の子どもたちが増えると彼らの活躍する場も広がり、そのひとつがサッカーなのです。**

　しかしフランスにとって移民は頭を悩ませる問題でもあります。2015年に起きたパリ同時多発テロなど、移民のなかには過激派も存在することです。フランスの移民問題は明と暗が共存するのです。

第2章　政治と移民をめぐる問題

2018 FIFAワールドカップ フランス代表選手出身地

スティヴ・マンダンダ（GK）	コンゴ
プレスネル・キンペンベ（DF）	コンゴ
サミュエル・ウンティティ（DF）	カメルーン
アディル・ラミ（DF）	モロッコ
ジブリル・シディベ（DF）	マリ
バンジャマン・メンディ（DF）	セネガル
ポール・ポグバ（MF）	ギニア
トマ・レマール（MF）	ナイジェリア、グアドループ
コランタン・トリッソ（MF）	トーゴ
エンゴロ・カンテ（MF）	マリ
ブレーズ・マテュイディ（MF）	アンゴラ、コンゴ
スティーヴン・エンゾンジ（MF）	コンゴ
キリアン・エンバペ（FW）	カメルーン、アルジェリア
ウスマヌ・デンベレ（FW）	ナイジェリア、マリ、モーリタニア、セネガル
ナビル・フェキール（FW）	アルジェリア

イギリスやベルギーも代表選手のうち約半数が移民にルーツの有る選手だったんだ

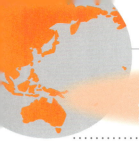

スペインにアフリカからの難民が押し寄せているの？

▶▶ フェンスの向こうにあるヨーロッパ ◀◀

海を渡る方が危険

　紛争や政治不安、さらには経済的貧困からヨーロッパには中東以外からも難民が押し寄せてきています。それがアフリカからの難民です。

　アフリカ大陸から地中海を渡れば、ヨーロッパです。なかでもこれまで、イタリアを経由してヨーロッパ各地に移ってゆくコースが多かったのですが、2018年からはスペインを経由するコースが増えています。

　北アフリカに位置するスペイン領セウタを使うのです。

　セウタはアフリカから見れば、スペインに陸から入ることのできる場所です。そして、ここからヨーロッパの各地に行くわけです。

　アフリカからの移民を防ぐために、フェンスには有刺鉄線もつけられていますが、よじ登ってでもヨーロッパに渡ろうとするアフリカからの移民が後を絶たない状況です。

移民のほとんどが10代

　セウタとモロッコの国境では治安警察が拳銃警備をしています。しかし移民たちはフェンスを襲撃し、国境を越えようとします。2018年8月には100人以上の移民が押し寄せ、強行突破でスペインに入国しました。

　スペインに渡った移民の多くは10代の若者たちです。セウタには未成年用の移民センターがあり、彼らはここに収容されています。ヨーロッパでは未成年を国外追放することはできません。しかし成人すれば強制追放となり、再び苦境にあえぐことになるのです。

ヨーロッパを目指すアフリカ移民

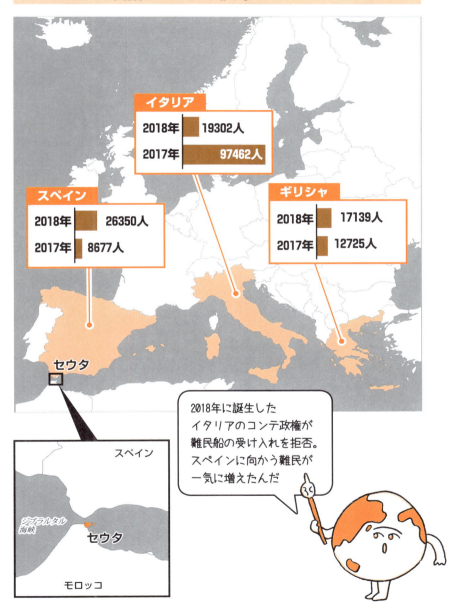

キリバスやツバルの人たちを受け入れる先は？

▶▶ 温暖化で追われる環境難民たち ◀◀

ツバル国民の受け入れを拒んだオーストラリア

　地球温暖化の影響で水没の危機に面している太平洋上の島、キリバスとツバル。キリバスの人口は約10万人、ツバルは約1万人といずれも小さな国です。10年後には沈むともいわれていますが、彼らの受け入れ先はどうなるのでしょう。

　キリバスは2014年にフィジーのエペリ・ナイラティカウ大統領が受け入れると宣言しています。

　しかし、先に沈むといわれているツバルの受け入れ先探しは難航しました。2000年にオーストラリアとニュージーランドに受け入れ要請をしたものの、オーストラリアは拒否。ニュージーランドは環境難民としてではなく、労働移民として受け入れることで合意しました。

経済負担が大きな要因

　オーストラリアが拒否した理由は明らかになっていません。オーストラリアは多文化主義国家で成り立ってきた国です。しかしその裏には、移民が増えすぎて対策を取らざるを得なくなり、現在は永住権をとるのが非常に厳しくなっています。

　また、**難民として受け入れた場合、生活費や教育費を国が負担することになります。そうなると経済的負担が大きくなります。**先進国でありながら、オーストラリアがツバルの人たちの受け入れにNOを突き付けたのも、そういった背景があるのかもしれません。

　なお、2015年にフィジーがツバルも受け入れることを表明しています。

第2章 政治と移民をめぐる問題

太平洋に浮かぶキリバスとツバル

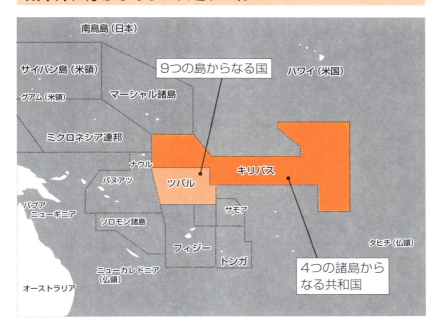

キリバスは日付変更線の
すぐ西側にあって、
「世界で一番早く日が昇る国」
といわれているよ

ツバルは
水平線から昇る朝日と
水平線に沈む夕日が美しい
自然に囲まれた島だよ

79

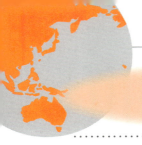

モンゴルの遊牧民を襲う深刻な環境問題って何？

▶▶ 深刻化するモンゴルの大気汚染と"ゾド" ◀◀

世界屈指の環境汚染国となったモンゴル

遊牧民の国モンゴル。人々は雄大な大草原を家畜とともに移動しながら暮らしています。しかし近年、モンゴルでは環境問題が深刻化。首都ウランバートルの大気汚染は中国北京の5倍ともいわれています。

盆地であるウランバートルは、大気がたまりやすいため、町ではガスが充満するスモッグが問題となっています。それに拍車をかけるのが"ゾド"と呼ばれる気象災害です。ゾドとは夏の少雨のあとに続く厳しい冬の寒さのこと。ゾドが発生すると、家畜は十分なエサが得られなくなり、やせ細った状態で餓死してしまいます。ゾドは気候変動によって近年増加し、遊牧民に甚大な被害をもたらしています。

災害に苦しみ都会へと流れる人たち

遊牧民として暮らすことができなくなった人たちは仕事を求め、ウランバートルへと移住します。彼らは都会でも移動式住居"ゲル"で生活をし、遊牧民たちによる「ゲル地区」も形成されたほどです。

ウランバートルの人口は年々増加し、遊牧民たちだけでも90万人にも達しました。彼らのことを「環境難民」と呼びます。

モンゴルの環境難民たちは遊牧民として暮らしてきたため、なかなか都会の生活に馴染めず、まともな職が見つかりません。見つかったとしても、ひと昔前の日本でいう3K（きつい、汚い、危険）の仕事ばかり。

モンゴルに限らず、環境難民たちは全世界で問題となっており、2050年には10億人にものぼるといわれています。

第2章　政治と移民をめぐる問題

ウランバートルの年間気温差と降水量

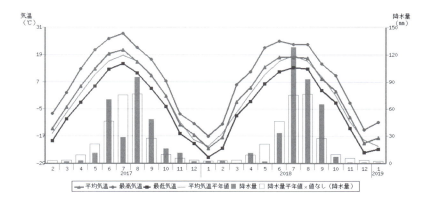

出典：気象庁ホームページ

モンゴルでは冬の最低気温が−40℃になることもあるよ！ゲルの中を暖める石炭ストーブの煙が大気汚染の原因なんだ

自国に帰るシリア難民が
あとを絶たないってホント？

▶▶ 避難先で貧困にあえぐシリアの人たち ◀◀

都市部で暮らすシリア難民

シリア危機が勃発した2011年以降、1100万人以上のシリア人が国内外で避難生活を送っています。国外では隣国のトルコ、レバノン、ヨルダン、イラク、エジプトの5か国が主にシリア難民の受け入れをしています。

シリア内ではいつ殺されてもおかしくない状況にも関わらず、難民の中には自国に戻る人たちがいます。理由は経済的に苦しい状況に追い込まれているからです。

イラクを例にとると、シリア難民が避難していたクルディスタン地域からは約2万5000人が去り、多くが自国に戻ったといわれています。

増え続けるシリア難民たちはキャンプではなく、都市部で暮らしています。都市部では生活面で困窮するケースが多くみられるのです。家賃や医療費も高く、それに見合うだけの収入も見込めません。雇用は自国民を優先させるため、どうしても難民の就労は難しい状況です。

隣国では国境封鎖も辞さない考え

現在、360万人のシリア難民を受け入れているトルコでは、政府が運営する難民キャンプの主要人数を超えており、難民の多くがキャンプの外で暮らしています。レバノンにも100万人近いシリア難民がいますが、苦境を強いられています。レバノン政府は難民の定住を阻止したい考えで、国連機関による難民定住キャンプの建設を認めていません。また、受け入れている5か国も難民が来るのを防ぐため、国境封鎖を進めています。これらにより身動きのとれない難民が増え、自国に帰らざるを得ないのです。

第2章　政治と移民をめぐる問題

シリア難民を受け入れる近隣の国々

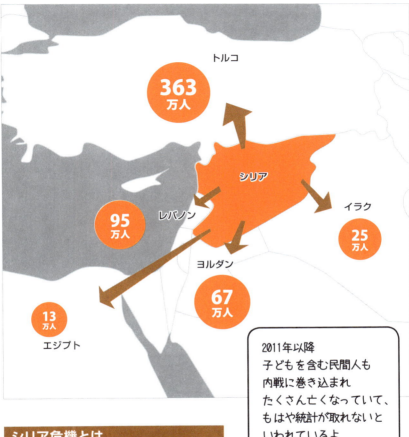

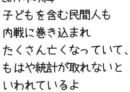

2011年以降
子どもを含む民間人も
内戦に巻き込まれ
たくさん亡くなっていて、
もはや統計が取れないと
いわれているよ

シリア危機とは

2010年から2012年にかけて中東各地で起きた「アラブの春」と呼ばれる民主化運動の波がシリアにもおよび、2011年内戦へと発展した。2016年12月にロシアの主導で停戦が合意されたものの内戦は収まらず、2019年3月現在、先行きは不透明なまま。

マレーシアに来る移民は
お金を払って仕事を見つけるの？

▶▶ 経済の発展の裏に移民の過酷な現状 ◀◀

治安も政治情勢も安定している

マレーシアには推定180万人以上の移民がいるといわれています（人口は約3200万人）。マレーシアの首都・クアラルンプールは経済も発展しており、外国企業もたくさんあります。最近はインドネシア、フィリピン、ネパール、バングラディシュ、インドからの移民が多くなっています。マレーシアは治安や政治情勢も安定しており、人々は、より豊かな生活を求めて集まってきているのです。国内のイスラム教徒とキリスト教徒の間で内戦があったフィリピンからは、海を渡りマレーシアに難民として来ている人もいます。合法移民もいますが、不法移民も多く存在します。不法移民の場合は仕事にありつけることは厳しいですが、人手不足の工業地帯では雇われるケースが多いようです。

逃亡を防ぐためにパスポートを回収されることも

しかし、合法、不法関係なく、**マレーシアでは強制労働や差別的な扱いを受ける移民が問題となっています。採用時には雇用手数料を外国人労働者が払うことになります。**その金額はさまざまですが、日本円で3〜4万円というところもあり、かなりの負担。移民たちはそれを分割して支払いながら働くため、手取りの給料は減ります。

また、逃亡を防ぐために、雇用主がパスポートを預かるケースもあります。仮に辞めたいと言っても、雇用手数料は返金されず、パスポートも返してもらえないというブラック企業も存在するのです。労働も過酷でありながら、転職もできず苦しむ移民があとを絶ちません。

第2章　政治と移民をめぐる問題

マレーシアとその周辺の国々

19世紀イギリス領だった時代に、中国人やインド人がゴム農園やスズ鉱山の労働力として連れてこられたんだ

マレーシアの人口構成

マレーシアは人口構成が複雑で、現地のマレー系が65％、中国系が25％、インド系が8％となっている。中国系は有力企業を経営していることが多い。

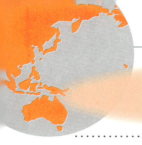

脱北者たちはどうやって生計を立てているの？

▶▶ 法に守られず苦しむ脱北者の現状 ◀◀

同胞の韓国人から不当な差別を受ける

　1953年の朝鮮戦争以来、北朝鮮から韓国に脱北した人数は約3万人と、韓国政府はみています。**韓国では1997年に施行された北朝鮮離脱住民の保護および定着支援に関する法律（定着支援法）により、脱北者の生活支援を行っています。**

　しかし韓国で生活することを夢見て北朝鮮を脱け出した者たちに立ちはだかる壁は、想像以上に厳しいものです。北朝鮮人はなまりも強く、同胞であるはずの韓国人から「貧しく文化を知らない」と差別を受けることもしばしばです。また、安い賃金できつい労働を与えられ、韓国にいながら経済格差に苦しむこともあるようです。

人身売買され苦しむ脱北女性たち

　脱北者の多くが女性です。韓国に渡れば支援は受けられるものの、中国にとどまってしまうと、人身売買の被害に遭うことも。法的な立場で守られない彼女たちは、中国国内で性的な仕事につかされたり、農家に花嫁として売られることもあります。

　もしも中国当局につかまってしまったら、違法移民として強制送還され、北朝鮮でひどい拷問を受けることを考えると、口を閉ざし、いいなりになってしまう女性も少なくありません。

　また、脱北者の中には思い描いていた生活とは違ったと北朝鮮に戻ろうとする人もいます。彼らの多くは韓国にいながら貧困と差別に苦しめられ、これならまだ北朝鮮にいたほうが良かった、と戻る選択をするのです。

韓国に入国した脱北者数の推移

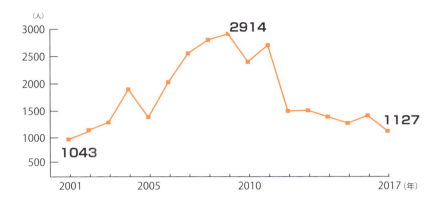

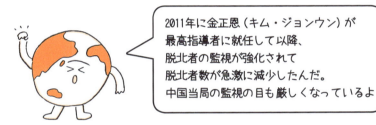

2011年に金正恩（キム・ジョンウン）が最高指導者に就任して以降、脱北者の監視が強化されて脱北者数が急激に減少したんだ。中国当局の監視の目も厳しくなっているよ

韓国社会に定着するための職業訓練

脱北者の定着を支援する韓国の施設では職業訓練が実施されている。女性には介護職が、男性にはフォークリフトなど重機を使う仕事が人気。

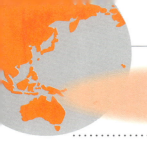

北朝鮮の脱北ルートは なぜ中国経由が多いの？

▶▶ ブローカーを頼りに脱北を試みる脱北者たち ◀◀

河川を渡る方がリスクが低い

　北朝鮮からは毎年1000人近くが韓国に亡命しています。その全容は明らかになっていない部分も多いのですが、彼らの多くは一度中国に入ってから韓国に亡命するルートをとっているようです。北緯38度線を越境しようとすると、衛兵につかまったり、高圧電線、地雷などにあたり命を落とすリスクのほうが高く、失敗に終わるケースがほとんどです。

　2018年には板門店の非武装地帯で、軍事境界線を潜り抜け韓国に亡命しようとした北朝鮮の兵士が、北側の追撃兵から銃撃された映像が監視カメラに映り、世界中に公開され衝撃が広がりました。

　その点、中国の国境沿いのほうが抜け穴が多いのです。**北朝鮮と中国の国境は1420kmあり、その約90％が河川です。両国とも国境警備兵を配置していますが、わいろを渡して見逃してもらうケースも少なくありません。**

つかまれば強制送還のうえ処刑されることも

　中国へと渡った脱北者は南へ向かいラオスかベトナムを目指します。ここでブローカーに数十万〜100万円を渡し、脱北を手助けしてもらうのです。さらにタイ、カンボジアへ渡り、現地の韓国大使館を頼って、支援を受けます。そこから多くの脱北者が韓国を目指すのですが、中国でつかまると、数週間のうちに強制送還され、北朝鮮の秘密警察である保衛部から厳しい取り締まりを受けます。特に韓国行きを目指していたり、キリスト教徒関係者と接触していると、拷問のような取り調べを受け、最悪の場合は処刑にいたります。

北朝鮮と中国の国境

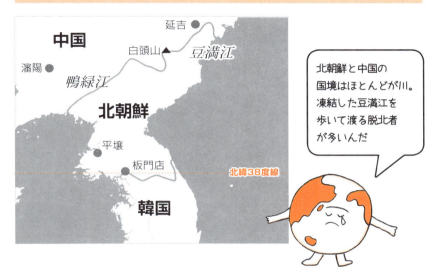

おもな脱北ルート

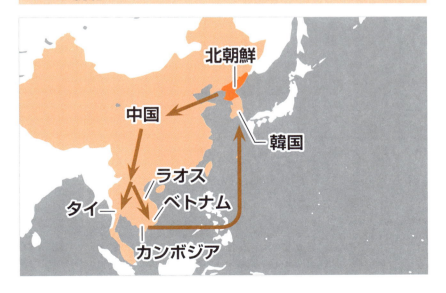

韓国は移民になじみがないの？

▶▶ 移民に否定的な国民感情 ◀◀

外国人の割合は人口の4％のみ

　韓国では５千万人超の人口の4％しか在韓外国人がおらず、ほとんどが中国などの近隣諸国からです。そのためか移民に対しては少々、アレルギー反応を示すのが現状です。

　そのひとつが2018年、朝鮮半島の南西にある済州島に、イエメンから亡命希望者が流れついたときのことがあげられます。内戦から逃れるためにイエメンから500人を超える難民が到着、入国すると、国内から反発の声が上がりました。ソウルではイエメンからの難民受け入れを反対するデモが行われ、世論調査でも半数以上が反対すると答えました。

　なぜ、済州島に難民が押し寄せたかというと、この島はビザが不要で、入国しやすかったからです。現在、韓国はイエメンをビザ免除国の対象から除外しており、移民排斥をあらわにしています。

国を出たいと思う韓国人たち

　一方、韓国国民はほかの国に移住したいと考えている人が多いようです。韓国の市場調査会社が2019年に19〜59才を対象に調査を行ったところ、10人中7人がほかの国に移住したいと答えました。移住したい国の1位はカナダ、2位はニュージーランド、3位アメリカと続きます。背景には経済の悪化や朴槿恵元大統領が作り上げた腐敗政治への嫌悪があるようです。また2014年に起きたセウォル号事件に対する政府の対応にも嫌気がさし、自国に絶望感を抱いている若者が急増していることもあります。**韓国の移民に対する意識は、政治に対する感情が大きく左右するようです。**

第2章　政治と移民をめぐる問題

済州国際自由都市特別法とは

テロ支援国家などに指定された特定の国を除き、すべての外国人がビザなしで30日間滞在できる。済州島へのビザなし入国者の99%は中国人観光客で占めている。

入国拒否される人も年々増加しているよ

韓国国籍離脱者の数

2018年の韓国国籍離脱者は前年の3倍！
離脱者の7割以上がアメリカ国籍を選んでいるよ

2018年は **5695人！**

Column

地政学用語②

【チョークポイント】
海上水路の重要拠点のことで、海上交通量の多い運河や海峡のこと。首を絞めて窒息させるという意味を持つ。

【シーレーン】
国家の存立、国民の生存、戦争、有事の際に確保する海上交通路のこと。

【不凍港】
高緯度であっても潮の流れの影響で冬でも海面が凍らずに年中使える港湾のこと。

【緩衝地帯】
対立する国と国との間にあり、強国間の衝突のリスクを緩和する地域のこと。

【非武装地帯】
条約や協定によって、軍事活動が禁じられ、隣接する勢力間の衝突を防ぐために設けられた地域のこと。

第3章

国家と領土をめぐる問題

韓国はなぜ竹島にこだわるの？

▶▶ 平行線のまま解決が見えない竹島問題 ◀◀

敵意を見せつける韓国

　日本と韓国の領土問題といえば竹島です。竹島問題は1952年1月18日、韓国初代大統領・李承晩が独断で周辺国との境界線を公海上にひき、その中に竹島を含んだことが発端でした。当時、日本はまだ米軍占領下であり、国際社会に復帰する前で、何も主張ができない状態でした。その間に当時の韓国大統領・李承晩は、警備隊を竹島に送り込む強行姿勢に出ました。韓国は日本人に敵意を向け、自分たちの自己主張を強めたのです。

　1965年の日韓基本条約でも「未解決の解決」という妙案で、以降対立といえるものはなかったのですが、現在韓国では小中学生から徹底的に竹島を自分たちの領土として教え込み、一歩も引く構えを見せません。

解決の糸口は一向に見えない

　竹島問題の根底に流れるのは、やはり韓国に根付く反日感情でしょう。現在は韓流ブームなどで過去の問題を水に流したようにも見えますが、日本に対して敵対心を持っている韓国人が多いのも確かです。

　また、朝鮮戦争で北朝鮮の海からの侵略を防ぐために、日本海を監視する目的から竹島が必要だったともいわれています。

　2012年8月には大阪で生まれた知日派の李明博元大統領が韓国大統領として初めて竹島に上陸しました。そして「日本の天皇はひざまずいて謝罪すべき」と発言し、日本国内からは大きな反発が出ました。

　日韓両者ともに平行線をたどる竹島問題。いまだ解決の兆しは見せていません。

第3章　国家と領土をめぐる問題

竹島問題をめぐる日韓密約

1965年の日韓基本条約の締結には「解決せざるをもって解決したとみなす」と記された密約文書の存在があった。これは、日韓両国がともに竹島を自国の領土と主張することを認め、反論に異議を提起しないという内容で、日韓基本条約でも竹島問題について触れないことで合意していたという。当時の両国の元首（佐藤栄作、朴正熙）も了解し、日韓条約が締結された。以降その約束は守られていたが、1993年に誕生した金泳三政権以降、密約は反故にされ、現在に至っている。

今では日韓の見解が完全に食い違っていて、竹島問題の解決は難しいといわれているんだ

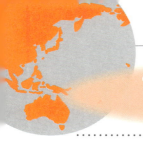

世界から見て竹島問題ってどう映っているの？

▶▶ 国際司法裁判を拒否し続ける韓国 ◀◀

現在は韓国が不法占拠している

　竹島が日本か韓国かどちらの領土かを決着させるためには、国際機関に判断をゆだねるという考え方もあります。

　日本は1954年、1962年、2012年と過去3回、国際司法裁判所（ICJ）に共同付託（双方の紛争当事国が紛争処理をICJへ委ねること）に合意して共同提訴することをしていますが、韓国はいずれも拒否しています。

　ICJでは当事者同士が紛争解決に合意しないと審議することができず、韓国が拒否している以上は裁判ができないことになっています。

　それをいいことに現在、竹島は韓国が不法占拠している状況で、独島警備隊と呼ばれる韓国の警察隊が目を光らせています。

　2018年12月には軍事訓練を行い、日本政府は抗議しました。

長引ければ日本が不利になることも

　ただ、実際に国際裁判となった場合、日本が勝つという保障はありません。すでに韓国が占拠してから60年以上の時間がたっており、韓国が実効支配した時間が長くなっています。

　韓国では、観光ツアーが行われるようにまでなっています。そうなると、国際的には竹島は韓国の領土で良いではないかという結論になりかねません。

　日本は竹島が自分たちの領土であると主張し続け、徹底的な根拠を示さないと今後、韓国の主張が受け入れられてしまう可能性もあるのです。

第3章　国家と領土をめぐる問題

竹島関連年表

17世紀	江戸幕府公認の下、日本人が竹島でアシカ猟やアワビ漁を開始
1905年	閣議決定により竹島を島根県に編入し、隠岐島司の所轄とする
1951年	サンフランシスコ平和条約調印。竹島は日本の領土として残る
1952年	韓国が国際法に反して、日本海上に一方的に「李承晩ライン」を設定し、漁業管轄権を主張するとともに竹島をそのライン内（韓国側）に取り込む
1952年	サンフランシスコ平和条約が発効
1953年	韓国官憲が竹島周辺で海上保安庁の巡視船を銃撃
1954年	韓国が「海洋警察隊」を竹島に常駐させる
1954年	日本が韓国に対し、竹島の領有権に関する紛争を国際司法裁判所に付託することを提案（1回目）
1954年	韓国が国際司法裁判所への付託を拒否
1962年	日韓外相会談の際に日本が再度竹島問題について国際司法裁判所への付託を提案（2回目）したが、韓国が拒否
2005年	島根県が2月22日を「竹島の日」とする条例を制定
2012年	李明博韓国大統領（当時）が、歴代大統領として初めて竹島に上陸したことを受け、日本が韓国に国際司法裁判所への付託を提案（3回目）
2012年	韓国が国際司法裁判所への付託を拒否

竹島は東島、西島の2つの小島とその周辺の数十の岩礁からなり、総面積は約0.21km²（さいたまスーパーアリーナの約5倍）。それぞれの島の周囲は断崖絶壁で、人が暮らす環境とはいえない

中国が尖閣諸島に執着するのはなぜ？

▶▶ 豊富な埋蔵資源を狙う中国の思惑 ◀◀

日本に編入当時は主張しなかった中国

尖閣諸島は2012年9月11日まで日本人の私有地でしたが、日本政府に20億5000万円で購入され、国有地となりました。これに対し、中国は猛反発し、反日デモが中国各地で行われ、日本人への暴行、日系企業への放火など大きな問題に発展していきました。

日本は1885年以降、度重なる現地調査を行い、尖閣諸島はどの国の領土でもないとして国際法上の手続きをとり、日本に編入しました。このとき、中国は自分たちの領土だとは主張していませんでした。

中国が尖閣諸島を自分たちの領土だと言い始めたのは1970年代になります。周辺の海底で、石油埋蔵が指摘されたからです。 中国側は、明の時代から尖閣諸島は台湾に属し、中国の領土だと主張しています。

金銀銅などが埋蔵されているとも

1969年国連アジア極東経済委員会は、海洋資源調査報告書に「台湾と日本の間にある大陸棚は世界で最も豊富な油田のひとつになる可能性が高い」と記しました。このときの調査では周辺海域には1095億バレルの原油埋蔵量があるとされました。これはイラクやクエートでとれる原油の量に匹敵します。しかし、1994年に経済産業省石油審議会が試算したところ、原油埋蔵量は約32.6億バレルと30分の1に減ってしまいました。それでも金額にすると22兆円ほどにはなります。

そのほか、金、銀、銅、亜鉛やレアメタルが埋蔵されていると見られ、中国側からすれば金市場でも譲りたくないというのが本音のようです。

尖閣諸島の位置

石垣島、台湾、どちらからも約170kmほどの場所にある無人島だよ

尖閣諸島関連年表

1885年	沖縄県が尖閣諸島を現地調査し、どの国の支配も及んでいないことを慎重に確認。
1895年	閣議決定により尖閣諸島を日本の領土に編入し、沖縄県の所轄とした。
1896年	明治政府の許可を得て、尖閣諸島の開拓を開始。多くの日本人が尖閣諸島に居住し、漁業を中心に鰹節工場や羽毛の採集に従事。
1951年	サンフランシスコ平和条約調印。尖閣諸島はアメリカの施政権下におかれるも、日本の領土として残る。
1969年	国際連合アジア極東委員会報告書において、東シナ海に石油埋蔵の可能性ありと指摘。
1971年	台湾（6月）及び中国（12月）が初めて公式に「領有権」を主張。
1972年	沖縄返還協定によって、尖閣諸島を含む沖縄の施政権が日本に返還。
2008年	中国公船が初めて尖閣諸島周辺の領海に侵入。
2010年	石垣市が1月14日を「尖閣諸島開拓の日」とする条例を制定。
2012年	日本政府への所有権移転を口実とした中国公船による尖閣諸島周辺の領海侵入が激化。以降、中国は力による現状変更の試みをエスカレート。

北方領土はいつか帰ってくるの？

▶▶ 南下政策のため北方領土が欲しかったロシア ◀◀

日本人が開拓した北方四島

1945年広島、長崎への原爆投下、ソ連の侵攻により日本はポツダム宣言を受諾し、連合国に降伏。日本は連合国の占領下におかれました。

ソ連が侵攻したのは日本固有の領土、北方四島。1799年〜1800年に千島、樺太を含む蝦夷地として日本人が開拓しました。

ポツダム宣言後、ソ連は北海道占領も要求しましたが、アメリカがこれを拒否。ソ連は仕方なく北方領土のみを占領したのです。

南下政策には欠かせない北方四島

1991年12月、ソ連崩壊とともに、北方四島はロシアの領土となりました。ソ連崩壊時に返還のムードはありましたが、実現せず。現在は安倍晋三首相とロシアのプーチン大統領の幾度かの会談の中で、歯舞島、色丹島の二島を先に返還する『二島返還論』の話が持ちあがっていますが、日本が望むのは四島すべての返還です。

そもそもロシアは世界最大の面積をほこる大国。最強のランドパワー国家です。しかし北半球で最も寒い地帯に属し、北側には北極海があります。寒冷地に阻まれたことが、ヨーロッパ諸国からの侵略を免れた要因でもあります。広大なシベリアは開拓にも難航します。そこでロシアは日本海、インド洋、黒海へと南下政策をとります。**オホーツク海と太平洋をはさむ択捉島はロシアの軍事の中心地。しかも中国にとってはチョークポイントとなります。ランドパワーとシーパワー両方を維持するためにも、ロシアが北方領土を手放すのは非常に厳しい状況といっていいでしょう。**

第3章　国家と領土をめぐる問題

近くて広い北方領土

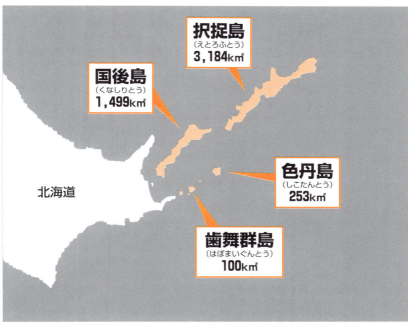

北方四島で2番目の大きさの国後島の面積は沖縄本島よりも大きいよ。
北方四島のなかで1番大きい択捉島は、沖縄本島の3倍もの面積があるんだ

ロシア人は北方領土のことを
どう思っているの？

▶▶ 住みやすい土地に変化する北方四島 ◀◀

プーチン大統領の就任で政策が大きく変わる

　第二次世界大戦後、ソ連が北方領土を占領し、日本人を強制撤去させ、ロシア人が住むようになりました。

　ロシアの世論調査機関『全ロシア世論調査センター』が2019年2月に実施した調査によると、北方領土に住むロシア人の96%が北方領土を日本に返還することに反対と答えました。

　意識の変化はこの10年で大きく変わりました。長らく北方四島は旧ソ連（現・ロシア）政府から冷遇されてきましたが、プーチン大統領になり、政策も大きく変わりました。

　それまで貧しい生活を強いられ、医療も十分に受けられなかったのが、給料も十分に支払われ、総合病院や大型スーパーができるなど住みやすい土地として開発が進められているのです。

北方領土で経済発展を遂げる

　ロシア政府が北方四島に自国の民を住まわせ、インフラを整備し、経済を活性化させるには思惑があります。

　プーチン大統領は北方四島を含む極東地域を取り込み、東側の地域にパワーを示したいと考えているからです。

　特に中国に対する警戒は強く、アジアで力を持つのが経済成長を遂げる中国一辺倒になるのを避けたい考えです。

　こうしたことから島に郷土愛を持つ自国民を増やし、経済発展を遂げることで、北方領土は自分たちのものだと主張し続けるのです。

北方領土の歴史

1855年	日露通好条約締結	択捉島とウルップ島との間を国境とし、樺太には境界を設けない。
1875年	樺太千島交換条約	クリル諸島が日本領となる。
1905年	日露講和条約(ポーツマス条約)	北緯50度以南の南樺太が日本領となる。
1940年	日ソ中立条約調印	互いの領土保全と不可侵を約束(5年間の摘用)
1945年	ポツダム宣言受託	ソ連軍による千島全島の占領
1947〜1949年	四島住民の強制的退去	
1951年	サンフランシスコ平和条約	ソ連は、調印せず。日本は、千島列島の権利、権限を放棄
1956年	日ソ国交回復	第9項に「日ソ平和条約締結後に歯舞群島、色丹島を返す。」
1973年	日ソ共同声明	北方領土問題は、平和条約の締結によって、処理されるべき問題であることを確認
1991年	日ソ共同声明	ビザ(査証)なし相互往来拘留という新しい枠組み設定確認
1992年	北方四島在住ロシア人とのビザなし交流始まる	

1947年の強制退去当時、四島には17,291人(3,123世帯)の日本人が暮らしていたんだよ

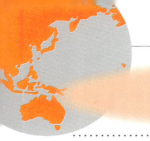

ロシアはアジア？
それともヨーロッパ？

▶▶ アジアとヨーロッパにまたがる広大な国ロシア ◀◀

面積の77％がアジア

　ヨーロッパとアジアは陸続きで、その境目にはさまざまな議論があります。ヨーロッパではトルコを境目に西はヨーロッパ、東はアジアという認識が主流です。

　ロシアはウラル山脈をまたぐ形で広がっています。

　ウラル山脈の東側がアジア、西側がヨーロッパとなり、ロシアは地理的に見ると、どちらのカテゴリーに分けられるかははっきりしません。

　面積の約77％がアジアに位置し、これだけだとアジアの仲間となります。しかし国民の多くはヨーロッパ側に住んでおり、ロシアの中ではヨーロッパの仲間という思いが強いのです。

　ちなみに、トルコ、カザフスタンもロシアのように、アジアとヨーロッパをまたいでいます

ウクライナとの対立で欧州とぎくしゃく

　一方、アジア側に位置する極東やシベリアは石炭、石油、天然ガス、ダイヤモンド、金、鉄、ニッケルなど天然資源が埋蔵されており、ロシアからすればこちらの地域も大切にしたい、これらの資源が豊富に採掘されることで、極東地域でのパワーを示したいと考えています。

　またウクライナをめぐっては欧米との対立が進み、ヨーロッパとの関係はぎくしゃくしたまま（P106参照）。

　国際的に見ると、完全にヨーロッパの仲間とはいいがたい状況も続いています。

第3章 国家と領土をめぐる問題

ロシアの主要都市の人口

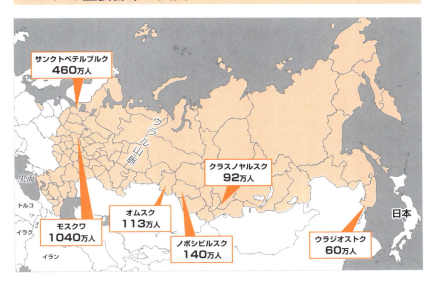

ロシアの天然資源

ウクライナ紛争が起こる理由は？

▶▶ 親ロシア派と対立するウクライナ政府 ◀◀

EU加盟を望む親欧米派

　ウクライナの首都はキエフですが、ここには12世紀、ロシアとウクライナの双方が起源とされるキエフ公国がありました。

　ウクライナはモンゴル領を経て一部がポーランド領になりますが、19世紀にはロシア領となりました。

　旧ソ連から独立はしましたが、ウクライナ東部はロシア系住民、西部はポーランド系のカトリック教徒が住んでいます。東側は親ロシア派が住んでいますが、ヨーロッパに近い西側には親欧米派が多数を占めます。

　2004年に行われた選挙で親ロシア派側に不正が発覚したため、翌年、親欧米派の政権が誕生。親欧米派のウクライナ政府はEU、NATOの加盟を望んでおり、東側の親ロシア派と対立をしています。

軍事的に有利なクリミア半島

　2014年にはプーチン大統領がロシア系住民の多いウクライナのクリミア半島を併合し、東部で親ロシア派の住民や武装勢力が州政府庁舎などを占拠し始めました。そこでウクライナ政府と親ロシア派の間で戦闘が始まったのです。

　ロシアがウクライナに固執するのはクリミア半島が軍事的に有利な場所だからです。黒海の出入り口となる軍港・セヴァストーポリがあり、鉱石の採取場所でもあります。

　軍事、資源の視点から見ても、ロシアはウクライナ全土を取り戻して自分の領土としたい意向なのです。

第3章　国家と領土をめぐる問題

ウクライナとその周辺

南は黒海、東はアゾフ海に面している
クリミア半島は、古くから軍事上の
要衝として重要視されているんだ

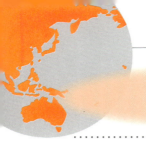

北緯38度線はどうやって決められたの？

▶▶ 東西冷戦下で分断された朝鮮半島 ◀◀

大陸に足場を築いたアメリカ

　太平洋戦争は日米が中国市場を巡って争い、アメリカは日本を破るためソ連と手を組みました。そして終戦後、アメリカは大陸に足場を築こうと朝鮮半島に進駐しました。

　38度線は1945年8月10日夜から11日にかけ、アメリカ政府で検討されましたが、ソ連もそれを黙っておらず、ソ連は太平洋に進出するため、北方四島のほか朝鮮半島北部も占領。両者で韓国と北朝鮮の国境線をせめぎあい、ここで手打ちとなったのが今の軍事境界線、北緯38度線なのです。

　朝鮮戦争は北朝鮮を中国が、韓国をアメリカが支援しました。朝鮮半島は中国と陸続きで、アメリカの勢力が大陸で拡大することは中国からも脅威でした。またアメリカも中国の後ろにいるソ連との核戦争は避けたいと、北と南の両者とも北緯38度線で膠着することになりました。

統一は混乱を招く

　現在、朝鮮戦争は休戦中です。オリンピックでは南北合同チームが出場するなど一見、両者の中は良好に見えますが、統一されることは厳しいと考えられています。

　北朝鮮は背後に中国、ロシアがおり、韓国にはアメリカがいます。中国、ロシアとアメリカ、両者の力のせめぎあいが続く以上、統一は混乱を招きます。

　特に中国、ロシアは南北朝鮮の統一を望んでおらず、朝鮮半島は北緯38度線を境に分断されたままの状態が続きます。

第3章　国家と領土をめぐる問題

北朝鮮と韓国の軍事境界線

1950年から約3年におよんだ朝鮮戦争で半島が分断されてしまったんだ。バラバラになって会えないままの家族も多くいるんだよ

台湾と中国は統一されるの？

▶▶ 経済的に中国に頼らざるを得ない台湾 ◀◀

中国人と呼ばれるのを嫌う台湾人

台湾と中国の関係は微妙です。

ほとんどの世代が「自分は台湾人です」というアイデンティティーを持っており、中国人と呼ばれるのを嫌います。一方、中国は「台湾は中国の一部」と認識しています。

そもそも台湾には中国人はほとんど住んでおらず、1895年から1945年は日本の統治下にありました。この時期から中国人が移住してきます（本省人）。

第二次世界大戦後、中国では蒋介石率いる国民党と毛沢東率いる中国共産党の間で内戦が激化し、内戦に敗れた中国国民党が台湾に逃れてきました（この時に来た中国人が外省人）。これが現在の台湾です。

統一されたら自由はなくなる

台湾は国民党と民進党の二大政党による民主主義国家です。中国と統一されてしまったら、今のような自由はなくなります。

その一方で、台湾の企業は中国大陸に進出しています。経済状況では中国に頼らざるを得ない状況なのです。

多くの台湾人の本音は現状維持。武力行使で中国が台湾を統一することは、戦争を引き起こすことになるのであり得ない話です。

しかし中国経済は大きく飛躍し、大国までをおびやかす存在となりました。その中で経済的に台湾が中国に支配されてしまう可能性もあるのです。

110

台湾に逃れた中国国民党

1949年中国共産党が中華人民共和国建国を宣言。中国国民党は台湾に撤退したんだ

本省人と外省人の対立

戦後、日本の植民地時代に皇民化教育を受けた本省人とそれを軽視する外省人との間で社会的な亀裂が生まれ、1947年に外省人で結成された中国国民党がテロを慣行。本省人の民衆を弾圧する二・二八事件が起き、以降、両者の対立が深まった。戦後生まれが人口の多くを占める今、対立構造は希薄となったが、選挙などではいまだ影響が出る。現在の蔡英文台湾総裁は外省人。

現在の台湾の民族の内訳

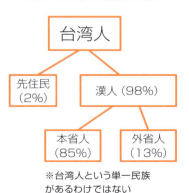

※台湾人という単一民族があるわけではない

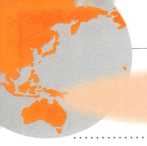

香港の人はイギリス領に戻りたがっているの？

▶▶ 一国二制度に不安を感じる香港市民 ◀◀

民主主義制度の維持を約束した中国

アヘン戦争の結果締結された1894年の南京条約により、香港はイギリス領になりました。

太平洋戦争が勃発すると、日本軍がイギリス植民地軍を放逐して香港は日本軍の占領下となりましたが、1945年のポツダム宣言により日本は降伏。香港は再びイギリスの植民地に戻ります。

その後交渉の末1984年、香港を返還することでイギリスと中国が合意、1997年に香港は中国に返還されました。

返還後50年間は香港の資本主義体制と中国本土の社会主義を共存させる一国二制度がとられています。

イギリス領に戻りたい市民が全体の9割

しかし返還後、香港市民の多くはイギリス領に戻りたがっていることが判明しました。**2013年に香港英字紙が行ったネット調査によると、9割近くの市民が、イギリス領に戻りたいと答えています。**

また香港からは独立運動の声もあがっています。欧米の名残がある香港にとって共産主義の中国は、将来、民主主義を奪われかねない脅威の存在です。それならば自由に過ごせたイギリス領時代の方が幸せだったと感じるのです。しかしイギリスにとって中国は大事な貿易相手国でもあります。イギリスが香港の主権を握れば、当然、両国の関係はぎくしゃくし、世界にも混乱を招きます。香港の人たちの願いが叶えられるのは難しい状況です。

第3章 国家と領土をめぐる問題

19世紀の列強国による中国（清）の領土分割

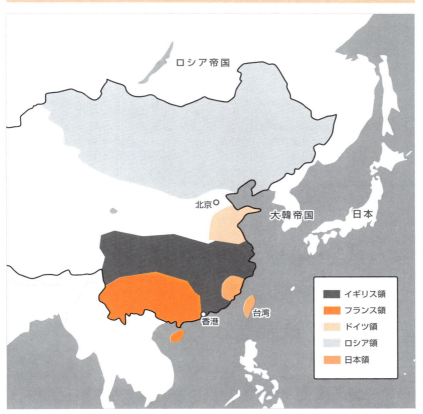

中国とイギリスは19世紀、アヘン戦争（1840年）やアロー戦争（1856年）で対立、その後も香港の領有権の問題もあって、長い間友好とはいえない複雑な関係にあったんだ。

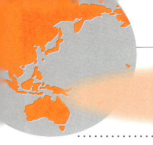

インドとパキスタンが核保有国になったのは？

▶▶ カシミール問題で今も長引く対立 ◀◀

インドの独立とパキスタンの誕生

　第二次世界大戦後、インドはイギリスからの独立に際し、イスラム教徒の多いパキスタンとヒンドゥー教の多いインドに分離独立となりました。

　同じく**イスラム教徒が多数を占めるカシミール地方は当初、パキスタンに帰属されると思われていましたが、当時のカシミールを治めていた藩王がヒンドゥー教徒だったため、インドへの帰属を表明しました。**

　これが引き金となり、インドとパキスタンの間で紛争が3度起き、今も軍事境界線でにらみ合いが続いています。

　またインドではパキスタンが分離独立した後も人口の約10％がイスラム教徒です。カーストで差別を受ける者にイスラム教徒が多く、インド国内では差別意識が色濃く残っています。そのため、ヒンドゥー教との宗教対立が深刻化しているのです。

核問題で最も危険な地域に

　インドと国境問題を抱えているチベットは中国領です。1979年以降のソ連によるアフガニスタン出兵に際しアメリカはパキスタンにつき、ソ連の南下を阻止しようとしました。中国が支配するチベット、アメリカと組んだパキスタンに阻まれたインドは、ソ連に援護を頼みます。そして核兵器の保有に踏み切りました。これを知ったパキスタンも核兵器を持ちます。

　パキスタンとインドは今も紛争を続け、核保有国同士が争う危険な地帯となっています。

第3章　国家と領土をめぐる問題

カシミール地方をめぐる争い

第一次インド・パキスタン戦争 1947年〜49年	カシミール地方をめぐる争い。国際連合が調停に乗り出し、停戦ラインが設定される
第二次インド・パキスタン戦争 1965年	カシミール地方のパキスタンとインドの国境での武力衝突
第三次インド・パキスタン戦争 1971年	東パキスタンの独立運動をパキスタンが弾圧、インドは支援した。東パキスタンはバングラデシュとして独立を果たす

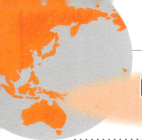

国家を持たないクルド人は日本にもいるの？

▶▶ 弾圧と迫害を受け続けた民族 ◀◀

クルド人の6割が埼玉県に住む

国家を持たない最大の民族がクルド人です。世界各地に約4500万人を数え、そのほとんどが中東で暮らしています。

現在はトルコ南東域からイラク北部の山岳地帯、イラン北西部、シリア北東部などに3000万人が暮らしています。しかし遠く離れた日本にもクルド人は住んでいます。

シリアに住むクルド人が戦火を免れ、来日するケースもあり、その数は約2000人です。日本に住むクルド人のほとんどは埼玉県で暮らしています。おもに蕨市、川口市などの県南地区。600人ほどが暮らし、故郷の地クルディスタンにちなんで蕨市をワラビスタンと呼んでいます。

アメリカはクルド人勢力を過激派組織に指定

なぜ、埼玉にクルド人が住むようになったのかは諸説あるようですが、1990年初頭から少数のクルド人が住み始め、コミュニティができたようです。川口市は工業地帯であり、外国人労働者にも寛容な地域で、クルド人も受け入れられやすかったようです。蕨市では毎年、クルド人の新年祭「ネロウズ」が開催されています。

日本では平和に暮らす彼らも、これまでの歴史を振り返ると迫害や弾圧を受け続けてきました。このことに反発し1978年に**旧ソ連の支援を受け結成されたクルド労働党は、クルド人が最も多く住むトルコで独立を求めるなど武力行使を繰り広げ、アメリカなどの西側諸国からはテロ組織として指定されています。**

第3章　国家と領土をめぐる問題

クルド人の住むクルディスタンとは

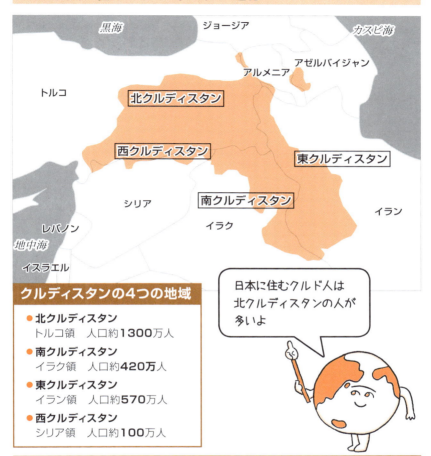

クルディスタンの4つの地域

- 北クルディスタン
  トルコ領　人口約**1300万人**
- 南クルディスタン
  イラク領　人口約**420万人**
- 東クルディスタン
  イラン領　人口約**570万人**
- 西クルディスタン
  シリア領　人口約**100万人**

日本に住むクルド人は北クルディスタンの人が多いよ

迫害を受けたクルド人

第一次世界大戦後、連合国と戦争に敗れたオスマン帝国との間で結ばれたセーブル条約において、クルド人の独立も認められた。しかし、条約は破棄されオスマン帝国は民族分布に配慮されずに国境線が引かれ分裂。クルド人はバラバラになってしまった。トルコではクルド語を禁止、民族衣装を着用することも許されないなどの弾圧を受ける。これに反発した一部の勢力が武装組織となり、欧米からはテロ組織に指定されている。

中東でいつも紛争が起きる理由は？

▶▶ 宗教と部族意識が強い中東の人々 ◀◀

第三者が引いた国境線が引き金に

　中東では戦争が絶えません。20世紀初頭、中東を支配していたのはオスマン帝国でした。第一次大戦時にはオスマン帝国はドイツの要望に従い、同盟国側について英国、フランスといった連合国側と戦いました。戦時中、連合国はオスマン帝国の内部崩壊を図ります。

　そして第一次世界大戦終結後、戦勝国となった英国とフランスはオスマン帝国を解体し、シリアとイラクの間に国境線を引き、さらにフランスはシリアとレバノンを、英国はヨルダン、イラク、パレスチナを支配下におきました。

シーア派とスンニ派の対立に

　英国やフランスはこれらの地域の独立を認めますが、国境線はアラブの人たちによるものではありませんでした。定規で引かれたような国境線がそれをあらわしてます。**中東諸国は宗派と部族を重んじます。しかし、事情を知らない第三者に分断されてしまったことにより、スンニ派アラブ人が両国に分割されてしまいました。**

　またイラクにはシーア派アラブ人、スンニ派クルド人が、シリアにはアラウィー派アラブ人、マロン派キリスト教徒とさまざまな民族が混在しました。それが結果、内部で宗教的、部族的対立を引き起こすことになります。イラクではスンニ派出身のサダム・フセインが多数派のシーア派アラブ人やクルド人を抑圧し、イラン・イラク戦争に発展してしまったのです。

第3章 国家と領土をめぐる問題

中東の国々

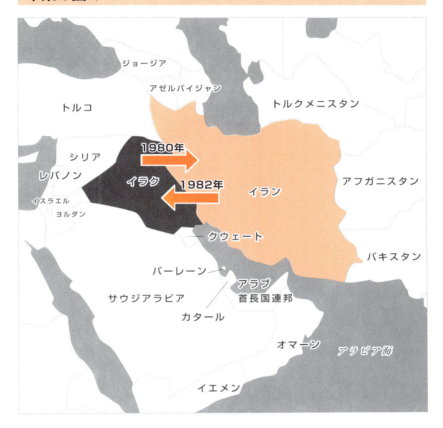

イラン・イラク戦争

1980年にイラクによるイラン侵攻によって勃発した戦争。イランでイスラム革命が起き、国内は混乱。そのすきをついて、イラクはイラン内の油田の確保を目的として侵攻したとされています。1982年には今度はイランがイラクに攻め入り、両者の関係はさらに悪化。また、イラン側にシリア、リビア、イラク側にヨルダンとサウジアラビアがつき、アラブ諸国でも混乱が続きました。1988年8月に国連安保理の調停によって停戦します。死傷者は約100万人以上ともいわれています。

今も激化するパレスチナ問題とは？

▶▶ イスラエルの建国により発生した衝突 ◀◀

土地を追われたパレスチナ人が過激化

第一次世界大戦中、英国はオスマン帝国との戦争を有利に進めるため、パレスチナにユダヤ人国家を樹立するとユダヤ人に約束します。戦後、パレスチナ地域にユダヤ人が入植を始め、1948年、イスラエルを建国します。以降、周囲のアラブ諸国と4度に渡る中東戦争でイスラエルは着実に領土を拡大します。

イスラエルによって追い出されたのは、イスラム教徒であるパレスチナ人です。彼らはヨルダン川西岸とガザ地区を拠点に、反イスラエル活動を続けます。

その中心となるのが、1960年代に結成されたパレスチナ解放組織（PLO）です。

テロ活動排除のための内戦も発生

テロ活動を続けていたPLOですが、1988年にPLOのアラファト議長がイスラエル国家の存在を承認し、テロ活動の停止を国連で表明しました。

1993年にはイスラエルのラビン首相とPLOのアラファト議長がパレスチナ暫定自治協定を結び、翌年パレスチナ暫定自治政府が成立しました。

いったん和平の方向に動いたパレスチナ問題ですが、ラビン首相、アラファト議長が亡くなり、PLOは分裂。パレスチナ人同士でも対立が生まれ、イスラエルはガザ、ヨルダン川西岸との境に壁を設置し、和平とはほど遠いかたちになっています。

第3章　国家と領土をめぐる問題

現在のイスラエル

トランプ大統領とイスラエル

2018年、アメリカのトランプ大統領がエルサレムをイスラエルの首都と認め、アメリカ大使館をテルアビブからエルサレムに移転した。このことは世界中に大きな衝撃を与え、パレスチナ人は激怒。世界各地で激しい抗議行動が繰り返されている。

アメリカ大使館をエルサレムに移転させることはトランプ大統領の選挙公約の1つだったんだ

結局ヨーロッパは統合されないの？

▶▶ EU加盟国のメリット・デメリット ◀◀

東西ドイツ統一がきっかけ

　米ソ対立によって分断されていた東西のドイツが冷戦の終結により1990年に統一されたことで、ヨーロッパは大きく変わりました。

　ヨーロッパの中央にランドパワーを持つ国が再び出現することで、長年ライバル関係にあったフランスは、あわてて協調関係を結び、ドイツのパワーを制御しようとしました。その思惑が身を結んだのが1993年に誕生したヨーロッパ連合（EU）です。

　EUはヨーロッパ統一通貨「ユーロ」を使い、EU内の関税を撤廃し、行き来を自由化しています。

移民問題が歯止めに

　EU加盟国は設立当初（当時はEC）12か国だったのが現在は28か国です。現在、ノルウェーとスイスは加盟していません。ノルウェーは北海油田があり、スイスは金融立国で国民ひとりあたりのGDPが高く経済的にも潤っているため、EUに加盟して経済的な恩恵を受ける必要がありません。加盟国は欧州中央銀行の決定に従わなくてはならず、これらの国にとってはデメリットを感じてしまうこともあるのです。英国は国民投票の結果、離脱を決定しています。

　そして移民問題もあります。**移民を多く受け入れ、ヨーロッパの移民の玄関口となっているトルコは加盟を拒否されています。加盟国は移民が流入することで、自国の経済が損なわれることを危惧しているのです。**ヨーロッパが統合されることは現状では現実的ではないようです。

第3章　国家と領土をめぐる問題

EU加盟国（2019年3月現在）

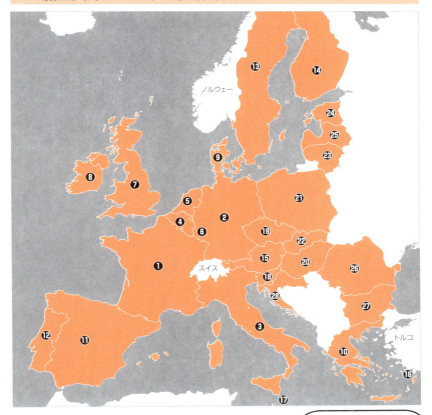

EU加盟国（2019年3月現在）

- ❶ フランス
- ❷ ドイツ
- ❸ イタリア
- ❹ ベルギー
- ❺ オランダ
- ❻ ルクセンブルク
- ❼ イギリス
- ❽ アイルランド
- ❾ デンマーク
- ❿ ギリシャ
- ⓫ スペイン
- ⓬ ポルトガル
- ⓭ スウェーデン
- ⓮ フィンランド
- ⓯ オーストリア
- ⓰ キプロス
- ⓱ マルタ
- ⓲ スロベニア
- ⓳ チェコ
- ⓴ ハンガリー
- ㉑ ポーランド
- ㉒ スロバキア
- ㉓ リトアニア
- ㉔ エストニア
- ㉕ ラトビア
- ㉖ ルーマニア
- ㉗ ブルガリア
- ㉘ クロアチア

英国のEU離脱によって金融市場が不安定になるなど世界への影響が懸念されているんだ

123

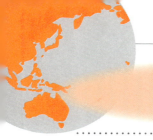

アフリカで貧困問題が絶えないのはなぜ？

▶▶ 植民地時代の問題を抱えたまま独立 ◀◀

独立後に起こった大規模な内乱

　アフリカ諸国は資源に恵まれているところが多いのに、いまだ貧困問題は解決しません。また紛争も各地で起き、治安も不安的です。

　その原因のひとつにアフリカ大陸がヨーロッパ諸国の植民地だったことがあげられます。アフリカは1950年代から独立の動きが進み、1970年代にはほぼ全域で独立を果たします。ところが独立直後から現在まで紛争が絶えません。90年代以降はますます深刻化しています。

　ルワンダやソマリアの内戦が典型的ですが、国家間紛争ではなく内戦というかたちが多いのです。

　内戦の原因のひとつが、国境線で19世紀にヨーロッパ諸国がアフリカを植民地にする際、分割したラインがそのまま国境線となっているのです。

　そこに住んでいる人々の生活を無視したため、国境をはさんで同じ部族が別々の国に分かれるといった混乱の種がまかれることになるのです。

アフリカ統一を目指すも足並みそろわず

　1975年にはすべての植民地が独立を果たしますが、国境線をめぐる対立を含め、アフリカ全体の協力機構として、アフリカ統一機構（OAU）が設立され、国境紛争の調停がされました。

　2002年にはEUにならってアフリカ連合へと発展し、政治、経済の統一を目指していますが、今もなお、紛争が続く地域があります。国内の情勢は不安定になり、財政も悪化していきます。アフリカの貧困問題の解決はいまだ糸口を見つけられない状況でもあるのです。

第3章　国家と領土をめぐる問題

アフリカ地域の危険レベル

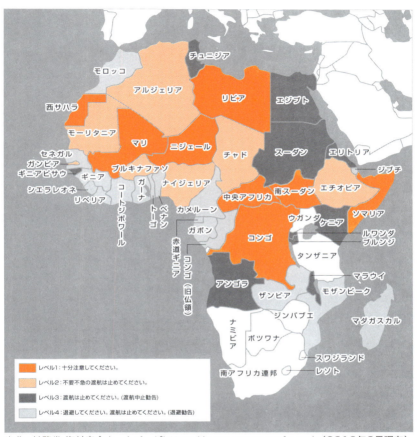

出典：外務省 海外安全ホームページ https://www.anzen.mofa.go.jp（2019年3月現在）

外務省では世界各地の安全情報を公開しているよ。アフリカにも治安の良い地域はあるんだ

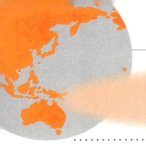

南極と北極はそれぞれどこの国の領土？

▶▶ どこの領土でもない平和的利用のための土地 ◀◀

南極条約で平和的利用を定めている

　南極大陸は日本の36倍の広さがあり、氷床と呼ばれる厚い氷で陸地が覆われています。発見されたのは1820年ごろ。存在が明らかになっていくにつれ、近隣の国や発見した英国が領土権を主張するようになります。

　英国は南極を最初に発見したことを根拠に、1908年、南極大陸の一部の領有権を主張しました。以降、ニュージーランド、オーストラリア、フランス、ノルウェー、チリ、アルゼンチンの7か国も南極大陸の領有権を一部主張していました。

　しかし、南極は手つかずの自然が残る貴重な場所です。科学的な調査につかわれるべきところであって、科学者の間では軍事的な目的での使用は反対する声が大きかったのです。そこで1959年に日本、アメリカ、フランスなど12か国で南極条約が決められ、**平和目的だけで使うこと、自国の領土と主張するのはやめようといった内容が盛り込まれました。南極はどこの国の領土でもないのです。**

北極圏は8か国が領土を持つ

　一方、北極の中心は海で領土という概念がありません。「北極圏」となると、北半球の北緯66度33分の緯線よりも北を指しますので、ユーラシア大陸、北アメリカ大陸、グリーンランドなどの島々があります。

　北極圏にはアメリカ、カナダ、デンマーク、アイスランド、ノルウェー、スウェーデン、フィンランド、ロシアの8か国が領土を持っており、その地域には人々が生活しています。

第3章　国家と領土をめぐる問題

かつての南極における領有権の主張

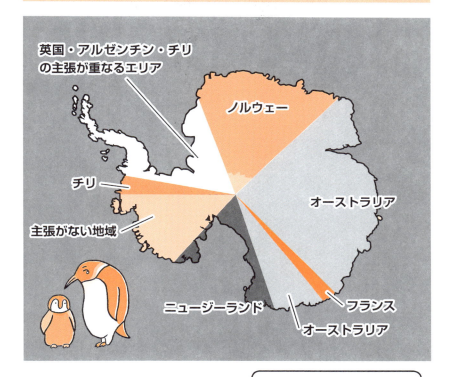

アルゼンチン、チリ、オーストラリア、ニュージーランドは、南極に近いことから、それぞれ領有権を主張。ヨーロッパの国々は、近くの島を領有していることもあるが、これまでの探検活動を根拠に領有権を主張していた。

南極に観光地のイメージはないけれど、実は日本からの観光ツアーもあるんだ

監修者紹介

荒巻豊志（Toyoshi Aramaki）

1964年福岡県生まれ。1988年東京学芸大学卒業、1990年松下政経塾卒塾。現在、東進ハイスクールで「東大世界史」を担当している。趣味はドラム演奏。著書に『攻める世界史 現代史』（増進会出版社）、『荒巻の世界史の見取り図』（ナガセ）、『地政学のきほん』（監修・誠文堂新光社）がある。

カバー・本文デザイン	遠藤秀之（スタイルワークス）
イラスト	あきさんぽ
編集	丸山美紀（アート・サプライ）
編集協力	廉屋友美乃

眠れなくなるほど面白い
図解 地政学の話

2019年5月1日　第1刷発行

監 修 者	荒巻豊志
発 行 者	中村 誠
印 刷 所	図書印刷株式会社
製 本 所	図書印刷株式会社
発 行 所	株式会社 日本文芸社
	〒101-8407　東京都千代田区神田神保町1-7
	TEL.03-3294-8931［営業］、03-3294-8920［編集］
	URL https://www.nihonbungeisha.co.jp/

© NIHONBUNGEISHA 2019
Printed in Japan 112190418-112190418 Ⓝ01　（300013）
ISBN978-4-537-21680-6
（編集担当：坂）

乱丁・落丁などの不良品がありましたら、小社製作部宛にお送りください。
送料小社負担にておとりかえいたします。
法律で認められた場合を除いて、本書からの複写・転載（電子化を含む）は禁じられています。
また、代行業者等の第三者による電子データ化および電子書籍化は、いかなる場合も認められていません。